职业技能等级认定考核指南

# 育 婴 员

## （初级）

主　编　高杰英　张建祥
副主编　李　岩　于晓进

中国劳动社会保障出版社

图书在版编目（CIP）数据

育婴员：初级/雄县兴达职业培训学校，河北省职工教育和职业培训协会组织编写. -- 北京：中国劳动社会保障出版社，2022

职业技能等级认定考核指南

ISBN 978-7-5167-5471-9

Ⅰ.①育… Ⅱ.①雄…②河… Ⅲ.①婴幼儿-哺育-职业技能-鉴定-自学参考资料 Ⅳ.①R174

中国版本图书馆 CIP 数据核字（2022）第 126960 号

中国劳动社会保障出版社出版发行
（北京市惠新东街 1 号　邮政编码：100029）

\*

三河市华骏印务包装有限公司印刷装订　新华书店经销
787 毫米×1092 毫米　16 开本　8.25 印张　117 千字
2022 年 8 月第 1 版　2022 年 8 月第 1 次印刷
定价：23.00 元

读者服务部电话：（010）64929211/84209101/64921644
营销中心电话：（010）64962347
出版社网址：http://www.class.com.cn

版权专有　　侵权必究
如有印装差错，请与本社联系调换：（010）81211666
我社将与版权执法机关配合，大力打击盗印、销售和使用盗版图书活动，敬请广大读者协助举报，经查实将给予举报者奖励。
举报电话：（010）64954652

# 编写说明

在河北省职业技能鉴定指导中心的指导下，雄县兴达职业培训学校、河北省职工教育和职业培训协会组织相关专家编写了育婴员职业技能等级认定考核指南（以下简称育婴员考核指南）。育婴员考核指南共三本，分别为《育婴员（初级）》《育婴员（中级）》《育婴员（高级）》。各级别育婴员考核指南均包括以下三部分内容。

第一部分：理论知识考核指南。本部分每章内容均由考核要点、重点复习提示、理论知识辅导练习题、参考答案四部分构成。

第二部分：操作技能考核指南。本部分由考核内容结构表、鉴定要素细目表、操作技能辅导练习题三部分构成。

第三部分：模拟试卷。本部分包括理论知识考核模拟试卷和操作技能考核模拟试卷，并附有参考答案。

育婴员考核指南适用于育婴员职业技能等级认定培训和考核复习，为考生掌握重点、理解难点、解析疑点提供具体的指导。由于时间仓促，不足之处在所难免，欢迎使用单位和个人提出宝贵意见和建议。

# 目 录

## 第一部分 理论知识考核指南

### 第一章 职业道德 ............................................................. 3
考核要点 ................................................................. 3
重点复习提示 ............................................................. 3
理论知识辅导练习题 ....................................................... 6
参考答案 ................................................................. 9

### 第二章 基础知识 ............................................................. 10
考核要点 ................................................................. 10
重点复习提示 ............................................................. 11
理论知识辅导练习题 ....................................................... 15
参考答案 ................................................................. 19

### 第三章 生活照料 ............................................................. 20
考核要点 ................................................................. 20
重点复习提示 ............................................................. 22
理论知识辅导练习题 ....................................................... 28
参考答案 ................................................................. 43

### 第四章 保健与护理 ........................................................... 45
考核要点 ................................................................. 45
重点复习提示 ............................................................. 45
理论知识辅导练习题 ....................................................... 49

参考答案 ............................................................ 55

第五章　教育实施 ............................................... 57

考核要点 ............................................................ 57

重点复习提示 .................................................... 58

理论知识辅导练习题 ........................................ 60

参考答案 ............................................................ 67

# 第二部分　操作技能考核指南

考核内容结构表 ................................................ 71

鉴定要素细目表 ................................................ 72

操作技能辅导练习题 ........................................ 74

# 第三部分　模拟试卷

理论知识考核模拟试卷 .................................... 99

理论知识考核模拟试卷参考答案 .................. 110

操作技能考核模拟试卷 .................................. 111

操作技能考核准备通知单（考场）.............. 114

操作技能考核准备通知单（考生）.............. 117

操作技能考核评分记录表 .............................. 119

操作技能考核评分项目及标准 ...................... 120

# 第一部分

## 理论知识考核指南

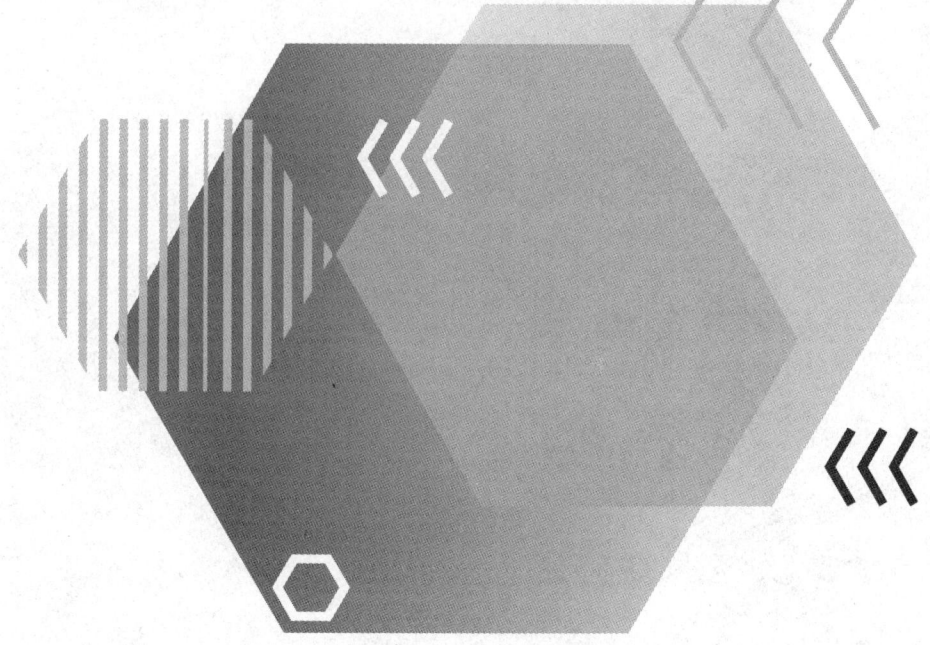

第一部

生きがい
喪失者

# 第一章 职业道德

## 考核要点

| 基础知识考核范围 | 考核要点 | 重要程度 |
| --- | --- | --- |
| 职业道德基础知识 | 1. 职业道德的概念 | 掌握 |
|  | 2. 职业道德的意义 | 熟悉 |
|  | 3. 职业道德的特点 | 掌握 |
| 育婴员职业道德 | 1. 育婴员职业性质与职业能力特征 | 掌握 |
|  | 2. 育婴员职业理念 | 掌握 |
|  | 3. 育婴员职业守则 | 掌握 |

## 重点复习提示

### 一、职业道德基础知识

**1. 职业道德的概念**

职业道德是指从事一定职业的人,在工作和劳动过程中应该遵循的与其职业活动紧密联系的道德规范的总和。

**2. 职业道德的意义**

职业道德既是对本职业人员在职业活动中行为的要求,也是职业对社会所承担的道德责任与义务。职业道德对行业具有规范性、约束性和提高信誉度的作用。

（1）职业道德具有纪律的规范性。职业道德规范对从业人员的劳动态度、职业责任、服务标准、操作规范、职业纪律等方面有明确的规定。

（2）职业道德具有行为的约束性。职业道德运用职业道德规范约束行业内部人员的行为。

（3）职业道德可以提高行业的信誉度。从业人员的职业道德水平是产品质量和服务质量的有效保证，高质量的产品和服务是提高行业信誉度的保障。

3. 职业道德的特点

（1）职业性。职业道德调节范围具有有限性。职业道德与职业生活密切联系在一起，不同职业具有不同的特点，形成不同的行为规范，因此，职业道德在调节的范围上只适用于本职业的成员。

（2）强制性。职业道德是从业人员必须遵循的守则，必须与行政管理、规章制度和行政纪律等结合起来，具有强制性。如有违反，必须受到纪律处分和经济制裁。

（3）稳定性。职业道德是在长期的反复的特定职业社会实践中形成的，反映了相对稳定的职业心理和道德观念。职业道德的内容表现为某一职业所形成的特有的职业心理、职业品质、职业传统和习惯。

（4）实践性。职业道德原则和规范是在职业活动实践中总结和概括出来的，采用工作守则、规章制度等简明适用的形式来指导从业人员的工作或劳动行为。

（5）具体性。职业道德是依据本职业的业务内容、活动条件、交往范围和从业人员的承受能力，而制定的行为规范和道德准则，其表达形式简明、具体，如制度、章程、公约、须知、誓词、条例等。

## 二、育婴员职业道德

### 1. 育婴员职业性质与职业能力特征

育婴员是主要从事0~3岁婴幼儿照料、护理和教育，指导家长科学育儿的人员。

（1）职业性质

1）育婴员的工作不同于家庭保姆和托幼机构中的保育员。育婴员是在家庭、社区和早教机构中为0~3岁婴幼儿综合发展提供全方位指导和服务的专业人员，承担着一种社会责任。

2）育婴员把对婴幼儿的照料、保健、教育结合起来，通过日常生活中的活动或游戏来开发婴幼儿的潜能，促进婴幼儿的全面发展。

(2) 职业能力特征。《育婴员国家职业技能标准》中育婴员职业能力特征是：人格健全，身心健康，视觉、听觉正常，动作灵活，观察敏锐，语言表达能力良好，有爱心、耐心和责任心。

**2. 育婴员职业理念**

（1）热爱儿童，满足需要。0~3岁是婴幼儿对周围的人建立信任感的关键期，是一种直接的情绪交往活动。

（2）以养为主，教养融合。0~3岁婴幼儿从生物个体到社会个体的发展，需要成人的精心养护，并在养护过程中融合教育。

（3）关注发育，顺应发展。育婴员关注婴幼儿的发育状况，可以了解到教养的水平。

（4）因人而异，开启潜能。育婴员要根据婴幼儿个体的差异，有针对性地教育引导，发挥婴幼儿各自的优势，开发各自的潜能，切不可进行横向的比较。

**3. 育婴员职业守则**

（1）热爱儿童，爱岗敬业。育婴员面对的是0~3岁尚未发育成熟的婴幼儿，他们的行为、情绪反复多变，语言表达能力、情绪控制能力都处于发展过程中，了解和热爱儿童是育婴员有效工作的基础。

（2）诚信服务，善于沟通。育婴员不仅要善于与婴幼儿沟通，还要能指导家长，将科学育儿的理念和方法用通俗易懂的语言传递给家长，提高家长科学育儿的能力和水平。

（3）勤奋好学，钻研业务。育婴员需要有宽泛的理论知识和实际应用知识的能力，要根据每个婴幼儿个体不同阶段的要求和不同个体的差异，合理运用理论来解决不同时期的不同问题。

# 理论知识辅导练习题

**一、单项选择题（选择一个正确的答案，将相应的字母填入题内的括号中）**

1. 职业道德具有（　　）的规范性。
   A. 操作　　　　B. 服务　　　　C. 态度　　　　D. 纪律

2. 《育婴员国家职业技能标准》中育婴员职业能力特征是：人格健全，身心健康，视觉、听觉正常，（　　），语言表达能力良好，有爱心、耐心和责任心。
   A. 能说会道，操作灵活　　　　B. 动作灵活，观察敏锐
   C. 胆大心细，能说会道　　　　D. 心灵手巧，热爱儿童

3. 职业道德是指从事一定职业的人，在工作和劳动过程中应该遵循的与其职业活动紧密联系的（　　）。
   A. 道德规范的总和　　　　B. 道德
   C. 规范的总和　　　　　　D. 道德的总和

4. 职业道德具有行为的（　　）。
   A. 规范性　　　B. 控制性　　　C. 约束性　　　D. 协调性

5. 职业道德原则和规范是在（　　）总结和概括出来的。
   A. 职业活动实践中　　　　B. 长期积累中
   C. 与职工讨论中　　　　　D. 人与人的关系中

6. 育婴员是在（　　）为0~3岁婴幼儿综合发展提供全方位指导和服务的专业人员，承担着一种社会责任。
   A. 早教机构中　　　　　　　　B. 家庭中
   C. 家庭、社区和早教机构中　　D. 社区中

7. 育婴员要根据婴幼儿个体的差异，有针对性地教育引导，发挥婴幼儿各自的优势，开发各自的潜能，这是育婴员职业的教养理念中（　　）要求做到的。

A. 因人而异，开启潜能　　　　B. 以养为主，教养融合
C. 关注发育，顺应发展　　　　D. 热爱儿童，满足需要

8. 职业道德可以提高行业的（　　）。

A. 知名度　　　B. 可信度　　　C. 信誉度　　　D. 规范度

9. 育婴员将对婴幼儿的照料、保健、教育结合起来，通过日常生活中的活动或游戏来开发婴幼儿的潜能，促进婴幼儿的（　　）发展。

A. 心理　　　B. 智力　　　C. 情商　　　D. 全面

10. 育婴员不仅要善于与婴幼儿沟通，还要能指导家长，将科学育儿的理念和方法用（　　）的语言传递给家长，提高家长科学育儿的水平和能力。

A. 专业　　　B. 儿童化　　　C. 简明扼要　　　D. 通俗易懂

11. 职业道德是指（　　），在工作或劳动过程中应该遵循的与其职业活动紧密联系的道德规范的总和。

A. 从事社会工作的人　　　　B. 从事公益活动的人
C. 从事义务劳动的人　　　　D. 从事一定职业的人

12. 职业道德的内容表现为某一职业所形成的特有的（　　）和习惯。

A. 职业表现、职业特征、职业特色
B. 职业心理、职业品质、职业传统
C. 职业心理、职业表现、职业特征
D. 职业品质、职业传统、职业特征

13. 职业道德的重点是解决（　　）问题。

A. 个人态度　　　B. 个人报酬　　　C. 劳动态度　　　D. 劳动报酬

14. 职业道德具有（　　）的特点。

A. 职业性、强制性、稳定性、实践性、具体性
B. 职业性、强制性、特殊性、实践性、具体性
C. 职业性、灵活性、特殊性、实践性、具体性
D. 职业性、强制性、稳定性、实践性、操作性

15. 职业道德是依据本职业的业务内容、活动条件、交往范围以及从业人员的（　　）而制定的行为规范和道德准则。

A. 感受能力　　B. 承受能力　　C. 接受能力　　D. 耐受能力

16. 育婴员是在家庭、社区和早教机构中为0~3岁婴幼儿综合发展提供（　　）指导和服务的专业人员。

A. 生活　　　B. 智力　　　C. 社会交往　　D. 全方位

17. 育婴员面对的是（　　）岁尚未发育成熟的婴幼儿，他们的行为、情绪反复多变，语言表达能力、情绪控制能力都处于发展过程中。

A. 3~6　　　B. 0~3　　　C. 1~3　　　D. 2~6

18. 关注婴幼儿的发育状况，可以了解到（　　）。

A. 营养状态　　B. 生活环境　　C. 卫生状态　　D. 教养的水平

19. 0~3岁婴幼儿从吃奶到吃普通食物，从躺卧状态、完全没有随意动作到用手操纵物体和直立行走，从完全不能说话到能用语言交流，从软弱的个体到相对独立的个体，非常需要成人的（　　），并在养护过程中融合教育。

A. 重点保护　　B. 精心养护　　C. 尽早养护　　D. 尽早教育

## 二、判断题（将判断结果填入括号中，正确的填"√"，错误的填"×"）

1. 为了确保职业活动的正常进行，必须建立调整职业活动中发生的各种关系的职业道德规范。（　　）

2. 由于婴幼儿生理、心理的满足容易建立起信任感，因而容易形成消极的个性特征。（　　）

3. 实践为人民服务的原则必须从"我"做起。（　　）

4. 《育婴员国家职业技能标准》中对育婴员的职业定义为：主要从事0~3岁婴幼儿照料、护理和教育，指导家长科学育儿的人员。（　　）

5. 育婴员的工作既不同于家庭保姆，也有别于托幼机构中的保育员。
（　　）

6. 每个从业人员都必须牢固树立主人翁责任意识，增强社会责任感。
（　　）

7. 职业道德原则和规范是在职业活动实践中总结和概况出来的，考虑了本

行业人员的接受能力。 （  ）

8. 育婴员是直接为婴幼儿、为家长、为社会提供服务的一种"窗口行业"。
（  ）

## 参 考 答 案

一、单项选择题

1. D  2. B  3. A  4. C  5. A  6. C  7. A  8. C  9. D  10. D
11. D  12. B  13. C  14. A  15. B  16. D  17. B  18. D  19. B

二、判断题

1. √  2. ×  3. √  4. √  5. √  6. √  7. √  8. √

# 第二章 基础知识

## 考 核 要 点

| 基础知识考核范围 | 考核要点 | 重要程度 |
| --- | --- | --- |
| 婴幼儿生长发育、心理发展的基本规律和特点 | 1. 婴幼儿生长发育的特点 | 掌握 |
| | 2. 婴幼儿生长发育的任务 | 熟悉 |
| | 3. 婴幼儿年龄分期及各期特点 | 掌握 |
| | 4. 婴幼儿生长发育的规律 | 掌握 |
| | 5. 婴幼儿心理发展的主要特点 | 熟悉 |
| | 6. 婴幼儿心理表现 | 掌握 |
| 婴幼儿营养 | 1. 婴幼儿生理特点 | 熟悉 |
| | 2. 婴幼儿营养需要 | 掌握 |
| | 3. 婴幼儿膳食特点 | 掌握 |
| 婴幼儿计划免疫与预防接种 | 1. 计划免疫相关知识和种类 | 熟悉 |
| | 2. 国家免疫规划疫苗与可预防疾病 | 掌握 |
| | 3. 免疫接种后家庭护理的注意事项 | 掌握 |
| 婴幼儿保健与护理 | 1. 婴幼儿保健 | 熟悉 |
| | 2. 婴幼儿护理 | 掌握 |
| 家用电器安全操作 | 婴幼儿家用电器安全操作知识 | 熟悉 |
| 食品安全 | 1. 安全制作和选购婴幼儿食品 | 掌握 |
| | 2. 儿童食品安全的常见问题 | 掌握 |
| | 3. 安全购买食品的注意事项 | 熟悉 |
| 安全防火 | 婴幼儿安全防火知识 | 熟悉 |
| 相关法律法规 | 与育婴工作相关的法律法规 | 熟悉 |

# 重点复习提示

## 一、婴幼儿生长发育、心理发展的基本规律和特点

### 1. 婴幼儿生长发育的特点

婴幼儿生长发育的特点包括大小的变化、比例的变化、旧特征消失、新特征出现。

### 2. 婴幼儿生长发育的任务

婴幼儿生长发育的任务包括学习走路、学习食用固体食物、学习说话、学习控制排泄机能、学习认识自身器官和有关性别的行为、学习与人交往和控制情绪、学习判断是非、完成生理技能的稳定、形成社会与个体的简单概念。

### 3. 婴幼儿年龄分期

根据婴幼儿生长发育不同阶段的特点,婴幼儿期可细分为新生儿期(出生到生后28天)、婴儿期(出生后到1周岁)和幼儿期(1~3周岁)。

### 4. 婴幼儿心理发展的主要特点

婴幼儿心理发展的主要特点有连续性及年龄阶段性、稳定性及可塑性、早期性。

### 5. 婴幼儿心理表现

0~3岁婴幼儿心理发展包含了心理过程的各个方面,每一方面都表现出其独特的心理特征。主要包括感觉、知觉、记忆、思维、想象、注意、人际交往、自我意识、情绪情感、意志力、气质、言语、动作等方面。

## 二、婴幼儿营养需要

婴幼儿时期生长发育速度较成人快,对营养素需要量大。婴幼儿每日营养素的需要量与成人不同,婴幼儿越小需要量相对越高。

### 1. 能量的需要

婴幼儿年龄越小,新陈代谢越旺盛,就必须摄入大量能量。能量必须满足以

下五方面的需要：第一，基础代谢的需要（一般占总能量的 50%~60%）；第二，生长发育的需要（婴幼儿生长发育所需的热量与生长发育速度成正比，生长发育速度越快所需热量越多）；第三，动作和活动的需要；第四，食物特殊动力作用的需要（一般占总能量的 7%~8%）；第五，排泄消耗的需要。

婴幼儿所需热量的外部来源由营养素供给，每克营养素的供热量见表 1-2-1。

### 2. 营养素需要

婴幼儿所必需的营养素包括蛋白质、脂肪、碳水化合物、矿物质、维生素、膳食纤维和水 7 种。

## 三、婴幼儿计划免疫与预防接种

### 1. 国家免疫规划疫苗与可预防疾病（见表 1-2-1）

表 1-2-1　　　　　国家免疫规划疫苗与可预防疾病

| 可预防疾病 | 疫苗种类 | 接种途径 | 剂量 | 出生时 | 1月 | 2月 | 3月 | 4月 | 5月 | 6月 | 8月 | 9月 | 18月 | 2岁 | 3岁 | 4岁 | 5岁 | 6岁 |
|---|---|---|---|---|---|---|---|---|---|---|---|---|---|---|---|---|---|---|
| 乙型病毒性肝炎 | 乙肝疫苗 | 肌内注射 | 10微克或20微克 | 1 | 2 | | | | | 3 | | | | | | | | |
| 结核病 | 卡介苗 | 皮内注射 | 0.1毫升 | 1 | | | | | | | | | | | | | | |
| 脊髓灰质炎 | 脊灰灭活疫苗 | 肌内注射 | 0.5毫升 | | | | 1 | 2 | | | | | | | | | | |
| | 脊灰减毒活疫苗 | 口服 | 1粒或2滴 | | | | | | 3 | | | | | | | 4 | | |
| 百日咳、白喉、破伤风 | 百白破疫苗 | 肌内注射 | 0.5毫升 | | | | 1 | 2 | 3 | | | | 4 | | | | | |
| | 白破疫苗 | 肌内注射 | 0.5毫升 | | | | | | | | | | | | | | | 5 |
| 麻疹、风疹、流行性腮腺炎 | 麻腮风疫苗 | 皮下注射 | 0.5毫升 | | | | | | | | 1 | | 2 | | | | | |
| 流行性乙型脑炎 | 乙脑减毒活疫苗 | 皮下注射 | 0.5毫升 | | | | | | | | 1 | | | 2 | | | | |
| | 乙脑灭活疫苗 | 肌内注射 | 0.5毫升 | | | | | | | | 1、2 | | | | 3 | | | 4 |

续表

| 可预防疾病 | 疫苗种类 | 接种途径 | 剂量 | 接种年龄 | | | | | | | | | | | | | | |
|---|---|---|---|---|---|---|---|---|---|---|---|---|---|---|---|---|---|---|
| | | | | 出生时 | 1月 | 2月 | 3月 | 4月 | 5月 | 6月 | 8月 | 9月 | 18月 | 2岁 | 3岁 | 4岁 | 5岁 | 6岁 |
| 流行性脑脊髓膜炎 | A群流脑多糖疫苗 | 皮下注射 | 0.5毫升 | | | | | | | 1 | | 2 | | | | | | |
| | A群C群流脑多糖疫苗 | 皮下注射 | 0.5毫升 | | | | | | | | | | | | 3 | | | 4 |
| 甲型病毒性肝炎 | 甲肝减毒活疫苗 | 皮下注射 | 0.5毫升或1.0毫升 | | | | | | | | | | 1 | | | | | |
| | 甲肝灭活疫苗 | 肌内注射 | 0.5毫升 | | | | | | | | | | 1 | 2 | | | | |

注：1. 结核病主要指结核性脑膜炎、粟粒性肺结核等。

2. 选择乙脑减毒活疫苗接种时，采用两剂次接种程序。选择乙脑灭活疫苗接种时，采用四剂次接种程序；乙脑灭活疫苗第1、2剂间隔7~10天。

3. 选择甲肝减毒活疫苗接种时，采用一剂次接种程序。选择甲肝灭活疫苗接种时，采用两剂次接种程序。

**2. 免疫接种后家庭护理的注意事项**

预防接种后会出现轻重不同的反应，主要表现为打针部位会出现红、肿、痒、痛，称为局部反应。要按照医疗卫生人员给出的医学建议做好观察和处理。为保证安全，减少反应，给婴幼儿进行预防接种前必须全面观察婴幼儿身体的健康状况，如实回应医疗卫生人员的询问，如实反映情况。

## 四、婴幼儿护理

婴幼儿护理包括皮肤护理，口腔清洁，臀部、会阴处护理，乳痂处理，衣服和常用物品的清洗等内容。

## 五、相关法律、法规

**1.《中华人民共和国劳动法》相关条款知识**

育婴员需掌握劳动者的权利和义务、劳动就业、劳动合同、劳动报酬、劳动时间、女职工和未成年工特殊保护、职业培训、社会保险、劳动纪律、劳动争议的处理等相关内容。

**2. 《中华人民共和国劳动合同法》相关条款知识**

育婴员需掌握劳动合同必备条款、特别约定条款、结束或终止合同、争议及解决方式等内容。

**3. 《中华人民共和国妇女权益保障法》相关条款知识**

育婴员需掌握以下相关内容。

第九条：国家保障妇女享有与男子平等的政治权利。

第二十三条：各单位在录用女职工时，应当依法与其签订劳动（聘用）合同或者服务协议，劳动（聘用）合同或者服务协议中不得规定限制女职工结婚、生育的内容。

第四十七条：妇女对依照法律规定的夫妻共同财产享有与其配偶平等的占有、使用、收益和处分的权利，不受双方收入状况的影响。

**4. 《中华人民共和国母婴保健法》相关条款知识**

育婴员需掌握婚前保健、孕产期保健、行政管理等内容。

**5. 《中华人民共和国食品安全法》相关条款知识**

育婴员需掌握食品安全标准、食品安全事故处置等内容。

**6. 《中华人民共和国教育法》相关条款知识**

育婴员需掌握以下相关内容。

第二条：在中华人民共和国境内的各级各类教育，适用本法。

第四条：教育是社会主义现代化建设的基础。国家保障教育事业优先发展。

第九条：中华人民共和国公民有受教育的权利和义务。

第十七条：国家实行学前教育、初等教育、中等教育、高等教育的学校教育制度。国家建立科学的学制系统。

## 理论知识辅导练习题

一、单项选择题（选择一个正确的答案，将相应的字母填入题内的括号中）

1. 新生儿的行为主要受本能的反射支配，没有（　　）。
   A. 意志力　　B. 主动性　　C. 积极性　　D. 协调性

2. 各种维生素有不同的生理代谢功能，大多起调控作用，与酶关系密切，（　　）。
   A. 但都能提供能量，也不能构成人体组织部分
   B. 但都能提供能量，也能构成人体组织部分
   C. 但都不能提供能量，也能构成人体组织部分
   D. 但都不能提供能量，也不能构成人体组织部分

3. 电器、汽油、酒精、食用油着火时，应用（　　）灭火。
   A. 土　　B. 泥沙　　C. 干粉灭火器　　D. 以上都是

4. （　　）是确立劳动关系和法律关系的形式。
   A. 劳动权利　　B. 劳动义务　　C. 劳动就业　　D. 劳动合同

5. 对准备结婚的男女双方，可能患影响结婚和生育的疾病进行医学检查是（　　）的内容。
   A. 婚前卫生指导　　　　B. 婚前卫生咨询
   C. 婚前心理指导　　　　D. 婚前医学检查

6. （　　）是婴幼儿拥有一些新的能力的表现。
   A. 生长速度加快
   B. 旧特征消失的现象
   C. 好奇、好问及生理上出现恒齿等
   D. 好动

7. 婴幼儿生长发育一般遵循（　　）发展的规律。

A. 由上到下、由近到远、由里到外

B. 由下到上、由近到远、由粗到细

C. 由上到下、由近到远、由粗到细

D. 由上到下、由近到远、由细到粗

8. 婴幼儿时期的心理发展和生长发育是最快的,3岁时不仅有了相当的观察、记忆、思维能力,而且（　　）也大大丰富了。

　　A. 知识和技能　　B. 情绪和情感　　C. 审美和想象　　D. 表达和表现

9. 儿童计划免疫有针对性地将生物制品接种到人体中,提高（　　）的特异免疫力。

　　A. 患病者　　B. 易感者　　C. 儿童　　D. 成人

10. 楼房发生火灾,要注意（　　）。

　　A. 不要盲目乱跑　　B. 不要跳楼逃生

　　C. 可以躲到居室里或者阳台上　　D. 以上都是

11. （　　）岁阶段主要产生的是人类的低级思维形式,即感知动作思维,又称为直觉行动思维。

　　A. 0~1　　B. 1~3　　C. 2~3　　D. 3~4

12. 婴幼儿1岁左右,在活动过程中,通过（　　）逐步认识作为生物实体的自我。

　　A. 自我评价　　B. 自我监督　　C. 自我感觉　　D. 自我欣赏

13. 婴儿首先发展的是头部、躯体、双臂、双腿的动作,然后才是灵巧的手部小肌肉动作以及准确的视觉动作等。这是动作发展（　　）的规律。

　　A. 从上部动作到下部动作　　B. 从整体动作到分化动作

　　C. 从粗大动作到精细动作　　D. 从大肌肉动作到小肌肉动作

14. 新生儿期若无母乳或母亲因病不能喂孩子,应选择（　　）喂婴儿。

　　A. 婴儿配方奶粉　　B. 全牛奶

　　C. 儿童成长奶粉　　D. 全羊奶

15. 婴幼儿因长年被尿布包裹,易出现（　　）。

　　A. 湿疹　　B. 粟粒疹　　C. 尿布疹　　D. 荨麻疹

16. 矿泉水与自来水的主要区别在于其中某种（　　）的含量高，对特定人群有保健作用。

　　A. 矿物质或微量元素　　　　B. 碳水化合物

　　C. 膳食纤维　　　　　　　　D. 蛋白质或脂肪

17. 直接入口食品应当有（　　）或者使用无毒、清洁的包装材料包装。

　　A. 隔离袋　　B. 塑料袋　　C. 小包装　　D. 包装袋

18. （　　）个月左右的婴幼儿可以比较集中注意某个感兴趣的新鲜事物。

　　A. 1　　　　B. 2　　　　C. 3　　　　D. 4

19. 婴幼儿在玩弄玩具、摆弄物品、奔向某个目标的爬行或走路中，形成初步的运动能力的掌握和运动的目的性，为婴幼儿（　　）的产生准备了条件。

　　A. 想象力　　B. 意志力　　C. 创造力　　D. 协调力

20. 幼儿每（　　）个月应进行一次体格检查。

　　A. 1~3　　　B. 3~6　　　C. 6~12　　　D. 9~12

21. 下列说法正确的是（　　）。

　　A. 凡是金属制品都是不导电的　　B. 水是不导电的

　　C. 不用湿布擦拭电器　　　　　　D. 湿手可以接触插头

22. 国家依法保护未成年人的智力成果和荣誉权不受侵犯。这是未成年人享有的（　　）。

　　A. 财产所有权　　B. 受赠权　　C. 知识产权　　D. 继承权

23. 食品添加剂是指为改善食品品质和色、香、味以及为防腐和加工的需要而加入食品中的（　　）或者天然物质。

　　A. 颜料　　B. 发酵剂　　C. 化学合成　　D. 化学物质

24. 婴幼儿最初的动作常常是全身的、笼统的、弥漫性的，以后才逐渐形成局部的、准确的、专门化的动作。这是动作发展（　　）的规律。

　　A. 从上部动作到下部动作　　　　B. 从整体动作到分化动作

　　C. 从粗大动作到精细动作　　　　D. 从大肌肉动作到小肌肉动作

25. 婴幼儿因长年被尿布包裹，易出现尿布疹，宜在大便后用清水清洗后用柔软的毛巾吸干，再涂一层（　　）。

A. 爽身粉　　　　　　　　　B. 护臀霜或润肤油

C. BB 霜　　　　　　　　　D. 湿疹膏

26. 由于儿童发育还不完善，对有害物质的耐受性（　　）。

A. 较低　　　B. 特别低　　　C. 较高　　　D. 特别高

27. （　　）产品在除去水中工业污染物时，也将水中的矿物质和微量元素去除一大部分。长期饮用，必然使人体某些矿物质或微量元素摄入不足。

A. 蒸馏水　　B. 纯净水　　C. 太空水　　D. 以上都是

28. 长期进食精细食物，不仅会因减少 B 族维生素的摄入而影响神经系统发育，还有可能因为铬元素缺乏"株连"（　　）。

A. 味觉　　　B. 嗅觉　　　C. 视力　　　D. 听力

29. 未成年人接受的赠款、赠物归属未成年人所有。任何人，包括未成年人的父母或其他监护人，不得以该未成年人未成年为由将该款、物据为己有。这是未成年人享有的（　　）。

A. 财产所有权　B. 受赠权　　C. 知识产权　　D. 继承权

30. 辅食是指根据婴幼儿生长发育的不同阶段对各种营养素需求的增加，而添加、补充其他营养素的（　　）。

A. 主要食品　　B. 辅助食品　　C. 添加食品　　D. 补充食品

## 二、判断题（将判断结果填入括号中，正确的填"√"，错误的填"×"）

1. 婴幼儿 1~2 岁期间是动作能力发展最迅速的时期。（　　）

2. 要重视与幼儿的语言交流，通过游戏、讲故事、唱歌、体格锻炼等促进幼儿语言发育与大脑运动能力的发展。（　　）

3. 咖啡碱能使胃肠壁上的毛细血管收缩，儿童的骨骼发育也会因此受到影响。（　　）

4. 从事母婴保健工作的人员，应当严格遵守职业道德，为当事人保守秘密。（　　）

5. 婴幼儿的意志力水平较高，可以长时间控制自己的行为。（　　）

6. 国家建立科学的学制系统。（  ）

7. 婴幼儿对必需氨基酸的需要量远高于成人，但对必需氨基酸种类的需求与成人一致。（  ）

8. 不要用湿手去摸灯口、开关和插座。更换灯泡时，不用关闭开关，站在干燥绝缘物上进行即可。（  ）

9. 罐头食品中往往含有调味品，经常食用对人体有害。（  ）

10. 对女职工的特殊保护，不仅是对女职工本身，同时也是对下一代安全健康的保护。（  ）

11. 婴幼儿1岁以后，随着年龄的增长，活动范围的扩大，认识事物的增多，会记住越来越多的东西。（  ）

# 参 考 答 案

一、单项选择题

1. A　2. D　3. D　4. D　5. D　6. C　7. C　8. B　9. B　10. D
11. B　12. C　13. D　14. A　15. C　16. A　17. C　18. C　19. B　20. B
21. C　22. C　23. C　24. B　25. B　26. B　27. D　28. C　29. B　30. B

二、判断题

1. ×　2. ×　3. ×　4. √　5. ×　6. √　7. ×　8. ×　9. ×　10. √
11. √

# 第三章  生活照料

## 考 核 要 点

| 基础知识考核范围 | 考核要点 | 重要程度 |
| --- | --- | --- |
| 婴幼儿喂养 | 1. 母乳喂养的基础知识 | 掌握 |
| | 2. 奶制品选择的相关知识 | 熟悉 |
| | 3. 母乳喂养的姿势 | 掌握 |
| | 4. 指导母乳喂养的方法 | 掌握 |
| | 5. 冲调奶粉 | 掌握 |
| | 6. 奶瓶喂哺的方法和注意事项 | 掌握 |
| | 7. 婴儿使用奶瓶的注意事项 | 掌握 |
| | 8. 溢奶的预防 | 掌握 |
| | 9. 溢奶的处理 | 掌握 |
| | 10. 喂养问题：大便不正常 | 掌握 |
| | 11. 喂养问题：厌食、拒食 | 掌握 |
| | 12. 婴幼儿辅食添加的目的 | 掌握 |
| | 13. 婴幼儿辅食添加的顺序 | 掌握 |
| | 14. 婴幼儿辅食添加的原则 | 掌握 |
| | 15. 婴幼儿辅食制作及注意事项 | 掌握 |
| 照料婴幼儿盥洗 | 1. 婴幼儿皮肤的生理特点及盥洗要求 | 掌握 |
| | 2. 婴幼儿五官的生理特点及盥洗要求 | 掌握 |
| | 3. 婴幼儿产生红臀的原因 | 掌握 |
| | 4. 婴幼儿红臀的预防 | 掌握 |
| | 5. 臀部清洗前的准备工作 | 掌握 |
| | 6. 给女婴清洗臀部的要领 | 掌握 |

续表

| 基础知识考核范围 | 考核要点 | 重要程度 |
| --- | --- | --- |
| 照料婴幼儿盥洗 | 7. 护理女婴生殖器官的要领 | 掌握 |
| | 8. 给男婴清洗臀部的要领 | 掌握 |
| | 9. 给男婴清洗生殖器的要领 | 掌握 |
| | 10. 婴幼儿洗澡时间与温度、洗澡的准备 | 掌握 |
| | 11. 婴幼儿洗澡的步骤 | 掌握 |
| | 12. 婴幼儿洗澡结束后的护理 | 掌握 |
| | 13. 婴幼儿洗澡的注意事项 | 掌握 |
| | 14. 婴儿指甲的修剪技巧 | 掌握 |
| | 15. 清理眼屎的步骤 | 掌握 |
| | 16. 清理眼屎的注意事项 | 掌握 |
| | 17. 婴幼儿口腔清洁 | 掌握 |
| | 18. 婴幼儿牙齿护理 | 掌握 |
| | 19. 婴幼儿鼻屎清除的技巧 | 掌握 |
| | 20. 婴幼儿耳屎清除的技巧 | 掌握 |
| 照料婴幼儿睡眠与排便 | 1. 睡眠与婴幼儿生长发育的关系 | 掌握 |
| | 2. 不同年龄婴幼儿睡眠次数和时间 | 掌握 |
| | 3. 婴幼儿睡眠充足的标准 | 掌握 |
| | 4. 睡眠对生长发育的影响 | 掌握 |
| | 5. 找出影响睡眠的原因 | 掌握 |
| | 6. 创造良好的睡眠环境 | 掌握 |
| | 7. 掌握婴幼儿二便的规律 | 掌握 |
| | 8. 培养良好的二便习惯 | 掌握 |
| | 9. 培养婴幼儿的二便习惯 | 掌握 |
| | 10. 做好婴幼儿二便后的清洁 | 掌握 |
| | 11. 给婴幼儿更换尿布的方法 | 掌握 |
| 照料婴幼儿出行 | 1. 婴幼儿服装选择的知识 | 熟悉 |
| | 2. 保暖和婴幼儿健康的关系 | 掌握 |
| | 3. 背、抱与婴幼儿情感依恋的关系 | 掌握 |
| | 4. 背、抱婴幼儿的动作要领 | 掌握 |
| | 5. 婴幼儿出行的注意事项 | 掌握 |
| | 6. 出行用具的选择及其使用方法 | 熟悉 |

续表

| 基础知识考核范围 | 考核要点 | 重要程度 |
|---|---|---|
| 照料婴幼儿出行 | 7. 婴幼儿衣服的更换 | 掌握 |
| | 8. 正确包裹婴儿 | 掌握 |
| | 9. 为婴幼儿出行准备各种用具和物品 | 掌握 |
| | 10. 使用婴幼儿童车照顾婴幼儿出行 | 熟悉 |
| | 11. 使用车载儿童座椅照顾婴幼儿出行 | 熟悉 |
| 环境与物品清洁 | 1. 环境卫生与婴幼儿成长的关系 | 掌握 |
| | 2. 清洁和消毒的区别 | 掌握 |
| | 3. 清洁用品的功能与作用 | 掌握 |
| | 4. 消毒用品的功能与作用 | 掌握 |
| | 5. 各类婴幼儿物品清洁的注意事项 | 掌握 |
| | 6. 各类婴幼儿物品消毒的注意事项 | 掌握 |
| | 7. 婴幼儿奶嘴与奶瓶的日常消毒 | 掌握 |
| | 8. 婴幼儿玩具的消毒 | 掌握 |
| | 9. 婴幼儿衣物的消毒 | 掌握 |
| | 10. 婴幼儿尿布和便器的清洁、消毒 | 掌握 |
| | 11. 婴幼儿家具、卧具的清洁 | 掌握 |

# 重点复习提示

## 一、婴幼儿喂养

### 1. 母乳喂养的基础知识

母乳喂养有利于培养良好的亲子关系。母乳含有婴幼儿所需的全部营养，有助于婴幼儿发育。母乳中还有足够的氨基酸与乳糖等物质，对婴幼儿脑发育有促进作用。母乳不但能提高婴幼儿的免疫能力，保护婴幼儿免于感染，预防腹泻、呼吸道感染，更能改善婴幼儿的过敏体质。母乳喂养经济、方便、卫生。

### 2. 奶制品选择的相关知识

婴幼儿配方奶粉分为早产儿配方奶粉、普通婴幼儿配方奶粉、水解蛋白配方奶粉、不含乳糖婴幼儿配方奶粉。应根据婴幼儿的年龄段选择合适的配方奶粉，0~6个月的婴幼儿可选用第一阶段的配方奶粉，6~12个月的婴幼儿可选用第二阶段的配方奶粉，12~36个月的婴幼儿可选用第三阶段的配方奶粉。

3. 母乳喂养的姿势

母乳喂养的姿势分为交叉环抱式、橄榄球式、摇篮式、侧卧式。不管母亲采用什么姿势哺乳，必须坚持把婴幼儿贴向乳房，婴幼儿的头、身体、臀部必须呈一条直线。

4. 冲调奶粉

冲调奶粉的三要点是清洁、正确及新鲜；四步骤是准备器具、加入温开水、加入适量的奶粉和使奶粉溶解。

5. 婴幼儿辅食添加的顺序

婴幼儿4个月后可先添加米糊，以促进淀粉酶分泌并可补充B族维生素。7个月后添加鱼、蛋、肝、肉末等，以补充蛋白质、矿物质和维生素。10个月后，添加软饭、馒头、制作精细的动物性及植物性食物。

## 二、照料婴幼儿盥洗

1. 婴幼儿皮肤的生理特点及盥洗要求

婴幼儿的皮肤柔嫩，表面的角质层薄，皮层下毛细血管丰富，因此皮肤呈玫瑰红色。初生时，新生儿皮肤表面覆盖一层灰白色的胎脂，具有保护皮肤、防止感染等作用。如果头顶部胎脂较厚可擦一点植物油待其干燥脱落即可。胎毛通常于出生后1周开始脱落。在出生后的10~15天中，全身皮肤会呈现干燥、鱼鳞状纹路，以后会脱皮。

2. 婴幼儿红臀的预防

如果婴幼儿的屁股护理得不好，就可能让他们的屁股出现尿布性皮炎（红臀）。应做好预防措施，避免婴幼儿红臀的出现：给婴幼儿勤换尿布，大小便后要勤洗屁股，保持皮肤干燥；尿布质地要柔软，以旧棉布为好；尿布应用弱碱性肥皂洗涤；培养婴幼儿良好的大小便习惯。

### 3. 婴幼儿洗澡时间与温度、洗澡的准备

婴幼儿洗澡时间一般在上午10：00到下午16：00之间。新生儿洗澡在喂奶前30分钟或喂奶后1~1.5小时进行。在洗澡前应该关闭门窗、电风扇，使室内温度达到24~26℃。洗澡时的水温宜保持在38~40℃。可以使用肘关节试水温，有条件时最好用温度计进行水温判断。洗澡前要准备婴幼儿专用的浴盆、小毛巾、浴巾、沐浴露、洗发水、润肤油、护臀霜、75%的酒精、棉签、换洗的衣服、尿片、爽身粉等所需要的物品。

### 4. 婴幼儿洗澡的步骤及注意事项

婴幼儿洗脸的顺序：眼→鼻→嘴→额头→两颊部→耳。洗头时，若头皮上有污垢，可在洗澡前将婴幼儿润肤油涂抹在宝宝头上，这样可使头垢软化而易于去除。婴幼儿洗澡时的清洗顺序为：颈部→腋下→躯干→手、足→尿布区域→背部，最后用清水冲洗干净婴幼儿的身体。

建议婴幼儿每天洗澡。天热时，每天洗1~2次；天冷时，可每天洗1次。为早产儿及皮肤有破损的新生儿洗澡时，只用温度适宜的清水擦洗即可。为足月儿洗澡时，可选用pH为中性的婴幼儿沐浴露。每次洗澡时间不宜超过10分钟。婴幼儿生病时和注射疫苗时不要洗澡，哺乳后30分钟内不要洗澡。脐带未脱时不要让洗澡水浸湿脐部。不可经常用劲擦洗口腔，以防细菌进入人体而引起败血症。

## 三、照料婴幼儿睡眠与排便

### 1. 不同年龄婴幼儿睡眠次数和时间

新生儿每日16~20个睡眠周期，每个周期0.5~1小时。2~6个月婴幼儿夜间睡眠持续时间8~10小时。7~12个月婴幼儿白天睡眠持续时间2~2.5小时，全天睡眠时间合计应达13~15小时。1~3岁幼儿夜间睡眠持续时间10小时。3岁左右的幼儿午睡时间不宜超过2小时，以免影响夜间睡眠。

### 2. 睡眠对生长发育的影响

睡眠是使婴幼儿神经系统得到休息的最有效的措施，需要有足够的时间和深度，以保证睡眠的质量。睡眠既减少了机体能量的消耗，也使整个机体得到了充

分的休息。婴幼儿的生长速度在睡眠状态下是清醒状态时的3倍。生长激素能够促进机体本身的骨骼、肌肉、结缔组织及内脏等的增长。婴幼儿的睡眠有个体差异，高质量的睡眠有利于婴幼儿的身心健康。

3. 创造良好的睡眠环境

应经常开门、开窗通风，新鲜的空气会使婴幼儿入睡快、睡得香。室温以20~23 ℃为宜，过冷或过热都会影响睡眠。室内灯光最好暗一点，窗帘的颜色不宜过深。床的软硬度适中，以保证婴幼儿脊柱的正常发育。睡前不做剧烈运动，1岁前不会刷牙要漱口，睡前排尿1次。有时婴幼儿喜欢吸吮手指，可以不予干预，这对稳定婴幼儿自身情绪起到了一定的作用。

4. 掌握婴幼儿二便的规律

2~5个月婴幼儿要定时喂养，不仅有利于胃肠工作，还能够自然形成定时大便。6个月以后的婴幼儿，可以开始练习坐盆。每次时间不宜过长，一般不超过5~10分钟。10~12个月婴幼儿在成人提醒下知道是否有大小便，坐盆时要求婴幼儿不摸地、不脱鞋，集中精力便完以后再玩。婴幼儿1岁半前开始有控制能力，玩得高兴时可能会忘，要坚持在固定时间提醒婴幼儿坐盆。2岁以后的幼儿可在成人的指导下，学会主动坐盆。夜里定时把尿，把尿时要让婴幼儿处于清醒状态，逐步培养其有尿自己会醒的习惯。

5. 培养婴幼儿的二便习惯

训练二便的基础：婴幼儿的膀胱有控制能力，能够听懂和配合成人的抱姿与口语提示。控制二便包括定时大小便、较早控制大小便、主动坐盆等良好习惯。定时大便最好在早餐前进行，开始时可能便不出来，只要每天定时给婴幼儿把便，就可以逐渐形成习惯。

6. 做好婴幼儿二便后的清洁

每晚用温水给婴幼儿洗屁股。二便后不要忘记给婴幼儿洗手。便盆清洗消毒要在每次便后进行。此外，婴幼儿有时会有意外大小便，不要责怪婴幼儿。对婴幼儿二便的信号及时做出反应。每个婴幼儿的生理成熟程度不同，大小便控制有明显的差异，培养时要因人而异。

### 7. 给婴幼儿更换尿布的方法

更换尿布的时间和次数要因人而异。一般早上醒来、睡觉前和每次洗澡后要更换尿布。每次喂奶后因为进食引起胃肠反射容易发生粪便排泄,要及时换尿布。为1岁左右的婴幼儿换尿布,可以准备一些玩具或图书来分散其注意力。更换尿布前,成人应用清水和肥皂洗手。

## 四、照料婴幼儿出行

### 1. 婴幼儿服装的选择

婴幼儿的皮肤细嫩,容易损伤,应选择简单、宽松、质地柔软的服装,以纯棉质衣料为主,吸湿性、吸水性和透气性良好,易穿脱且不影响四肢活动。上衣可选择圆领或斜襟领(和尚领)的,内衣一定要吸汗,最好不要有硬的缝合边,以免擦伤皮肤。衣服的袖口不要过紧过长,以扣纽扣为佳,不要有过多的装饰物,以免婴幼儿误食。可选择宽松的裤子,如使用松紧带千万不要勒得太紧,否则会影响到婴幼儿的呼吸和骨骼的正常发育。鞋子应选择透气吸汗、天然皮革、高过脚面的高帮鞋为主。袜子选择纯棉袜,注意检查袜子里面的线头是否过长、过多,以免线头缠住脚趾,造成缺血性组织坏死。

### 2. 背、抱与婴幼儿情感依恋的关系

新生儿出生以后,被人抱起时头和颈得不到支持,有向下坠落的感觉,会出现惊吓。要学会背、抱婴幼儿,使他得到支持,感到全身舒适、放松、愉快。背着或抱着婴幼儿走动,可以使婴幼儿获得安抚和亲切感,开阔他的视野。

### 3. 背、抱婴幼儿的动作要领

1~2个月的婴幼儿,主要是横抱。不管何种抱姿,都要注意保护好婴幼儿,不仅要抱得舒服,还要让婴幼儿有安全感。竖抱婴幼儿的动作要领:先将婴幼儿抱直,趴在你的肩膀上,胸腹部贴着你的前胸;一只手臂绕过婴幼儿的背部护住对侧的上肢,另一只手托住婴幼儿的臀部。面向前抱婴幼儿能使他很好地看到面前的世界。骑坐在胯部抱婴幼儿的动作能够训练婴幼儿的平衡能力。

### 4. 出行用具的选择及其使用方法

带婴幼儿出门前可先了解一下当日的天气、温度,并根据目的地的具体情况

选择合适的交通工具。无论选择什么样的交通工具，都应该以婴幼儿的安全为前提。小月龄的婴幼儿多以背、抱为主，可以选择婴幼儿背带，这样可以腾出双手，做一些简单的活动和操作。尽量不要在人多拥挤时乘坐公交车，这样可能会挤坏婴幼儿，使婴幼儿感到不安而哭闹。

婴幼儿出行可以选择的用具有婴幼儿推车、婴幼儿背带、儿童安全座椅。婴幼儿出行时必备物品有衣物、护肤品、婴幼儿湿巾及纸巾、喜爱的玩具、学步带或护膝伞、相机、防蚊液等。

## 五、环境与物品清洁

### 1. 环境卫生与婴幼儿成长的关系

给婴幼儿创造一个健康、快乐的环境，是对居室环境的基本要求。家庭生活环境对婴幼儿身心健康的影响很大。婴幼儿长期生活在空气污浊的环境中，会影响呼吸道的功能，降低身体抵抗力，影响生长发育。随着婴幼儿年龄的增长，父母就需要为其营造一个能够自由活动、自由发挥、自由探索的生活空间。环境好坏还直接影响婴幼儿的身心健康成长。

### 2. 清洁用品的功能与作用

清洁可消除大量潜在的病原微生物。清洁的环境对于婴幼儿的成长是极其重要的。常用的清洁方法有水洗、机械去污、去污剂去污。

### 3. 各类婴幼儿物品清洁的注意事项

室内维持整洁、无尘、空气新鲜，室温维持在 22~24 ℃。婴幼儿卧室尽量不用扫把来扫，可用拖把直接拖以避免扬尘。定期清洗、晾晒被褥，每周 1 次为宜。定期对婴幼儿玩具进行清洁和晾晒。内外衣物不可混洗且尽量手洗，若用洗衣机洗应使用专用洗衣机单独洗。

### 4. 各类婴幼儿物品消毒的注意事项

煮沸消毒的水温需达到 100 ℃左右。消毒时间从水沸腾后继续煮沸 20 分钟，可杀灭细菌繁殖体。玻璃类物品冷水时放入；橡胶类物品水沸后放入，以免橡胶变软。被消毒物品要全部浸入水中。一次消毒的物品不应放置太多，以不超过容量的 3/4 为宜。煮沸消毒后的物品在取出和存放时要防止再污染。

### 5. 婴幼儿家具、卧具的清洁

婴幼儿的手、口动作较多，自我控制能力较差，所以婴幼儿的家具、卧具、玩具应定期清洁。一般每周用含氯消毒液或经国家相关部门检验合格的家具消毒剂擦拭1次。每天用清水和干净的湿布擦拭1次灰尘。

# 理论知识辅导练习题

## 一、单项选择题（选择一个正确的答案，将相应的字母填入题内的括号中）

1. 选择婴幼儿奶粉时，应注意看清楚奶粉包装上的产品说明及（　　）是否齐全。

 A. 生产日期　　B. 保质期　　C. 标识　　D. 营养成分表

2. 婴幼儿添加烂饭、面条及饼干，是为了增加热量，促进牙齿的发育，训练（　　）功能。

 A. 吸吮　　B. 吞咽　　C. 咀嚼　　D. 语言

3. 婴幼儿厌食、拒食时，只要耐心地喂，过（　　）天就会恢复。

 A. 5~7　　B. 4~5　　C. 3~4　　D. 2~3

4. 给婴幼儿制作果汁时，将柳橙或橘子对切成两半后压汁，喂食前加入（　　）的冷开水稀释。

 A. 一倍　　B. 两倍　　C. 半量　　D. 等量

5. 婴幼儿每次换尿布后，特别是在大便后应以（　　）清洁臀部，再用护臀霜涂抹，以防发生尿布疹（即红臀）。

 A. 毛巾　　　　　　　　　B. 纸张
 C. 清水　　　　　　　　　D. 婴儿护肤柔湿巾

6. 红臀会引起皮肤发红，以下描述错误的是（　　）。

 A. 臀部发红　　　　　　　B. 大腿内侧及外生殖器发红
 C. 背部发红　　　　　　　D. 会阴部发红

7. 要给婴幼儿勤换尿布，大小便后要勤洗，保持皮肤（　　）。

  A. 干燥　　　　B. 清洁　　　　C. 柔嫩　　　　D. 光滑

8. 待婴幼儿再大一些，包皮与龟头完全分开之后，爸妈再协助婴幼儿翻开包皮清洗，而且（　　）洗一次就行。

  A. 每天　　　　B. 每2~3天　　C. 偶尔　　　　D. 每周

9. 给婴幼儿洗身体时，应用左手托住婴幼儿头、肩部，右手托住婴幼儿臀部并引导婴幼儿的（　　）首先进入水中，然后逐渐降低身体的其他部位，进入浴盆。

  A. 头部　　　　B. 背部　　　　C. 臀部　　　　D. 脚

10. 不可经常用力擦洗口腔，以防细菌进入人体而引起（　　）。

  A. 溶血性贫血　　　　　　B. 溶血症

  C. 坏血症　　　　　　　　D. 败血症

11. 每个婴幼儿自身气质不同，家庭环境不同，睡眠（　　）也不一样。

  A. 姿势　　　　B. 时间　　　　C. 规律　　　　D. 深度

12. 婴幼儿睡眠充足的标准是（　　）。

  A. 清晨需唤醒　　　　　　B. 精力充沛

  C. 不爱动　　　　　　　　D. 体重不增

13. 婴幼儿的睡眠有个体差异，高质量的睡眠有利于婴幼儿的（　　）。

  A. 新陈代谢　　B. 心理健康　　C. 身体健康　　D. 身心健康

14. 培养婴幼儿有规律地进食、睡觉、游戏和大小便，可以在大脑建立起一系列的（　　），提高机体的工作效率。

  A. 概念　　　　B. 条件反射　　C. 生理反射　　D. 习惯

15. （　　）个月以后的婴幼儿，可以通过脸色及动作变化来表达自己大小便的要求，也可以开始练习坐盆。

  A. 5　　　　　B. 6　　　　　C. 7　　　　　D. 8

16. 婴幼儿睡前玩的时间过长，会使其精神不能很好地被（　　）下来。

  A. 强制　　　　B. 控制　　　　C. 压制　　　　D. 抑制

17. 床的软硬度应适中，最好是木板床，以保证婴幼儿（　　）的正常发育。

A. 大脑　　　　B. 身体　　　　C. 脊柱　　　　D. 骨骼

18. 控制二便包括（　　）等良好习惯。

　　A. 定时大小便　　　　　　B. 较早控制大小便

　　C. 主动坐盆　　　　　　　D. 以上都是

19. 婴幼儿脚的表面（　　）少，保温能力差，脚保暖的关键在于锻炼和穿好鞋袜。

　　A. 神经　　　　B. 肌肉　　　　C. 血管　　　　D. 脂肪

20. （　　）时一定要牵着或抱着婴幼儿。

　　A. 过马路　　　B. 上下车　　　C. 乘坐电梯　　D. 以上都是

21. 小月龄的婴幼儿多以背抱为主，可以选择（　　），这样可以腾出双手，做一些简单的活动和操作。

　　A. 公交车　　　B. 私家车　　　C. 婴儿背带　　D. 婴儿推车

22. 下列选项中，给婴幼儿穿套头衣服的错误步骤是（　　）。

　　A. 把上衣沿着领口挽成环状，将领口拉宽

　　B. 先把领口的后部套到宝宝的后脑勺

　　C. 然后再向后往下拉

　　D. 在靠近宝宝脸部的时候，可用手把衣服平托起来

23. 为避免婴幼儿的不适，应在哺乳后（　　）分钟后再使用背带兜抱婴幼儿。

　　A. 10　　　　　B. 15　　　　　C. 20　　　　　D. 30

24. 婴幼儿出行必备物品包括（　　）。

　　A. 衣物　　　　　　　　　B. 护肤品

　　C. 婴儿湿巾及纸巾　　　　D. 以上都是

25. 当婴幼儿坐到车内后应固定好（　　）。

　　A. 车子前进方向　　　　　B. 开关

　　C. 安全带　　　　　　　　D. 以上都是

26. 下列选项中，使用儿童安全座椅的正确方法是（　　）。

　　A. 9~18千克的儿童，应使用前向式汽车座椅

B. 9~18 千克的儿童，应使用后向式汽车座椅

C. 9~18 千克的儿童，应使用前向式儿童安全座椅

D. 9~18 千克的儿童，应使用后向式儿童安全座椅

27. 环境（　　）直接影响婴幼儿的身心健康成长。

  A. 是否安全　　B. 好坏　　　　C. 是否温馨　　D. 是否嘈杂

28. 使用安全、有效的方法对日常生活环境做全方位的消毒，能（　　）。

  A. 提高生活质量　　　　　　　B. 预防疾病

  C. 保障健康　　　　　　　　　D. 以上都是

29. 应定期对婴幼儿玩具进行（　　）。

  A. 清洗　　　　B. 消毒　　　　C. 暴晒　　　　D. 以上都是

30. 塑料和橡胶玩具的消毒：可在 0.2% 的漂白粉溶液中浸泡（　　）分钟。

  A. 5~10　　　B. 10~20　　　C. 20~30　　　D. 30~40

31. 需要指出的是，千万不要使用（　　）等消毒产品消毒衣物，因为它们有很强的刺激性，很难彻底漂洗干净，会对婴幼儿皮肤和呼吸系统造成一定的危害。

  A. 洗洁精　　　B. 洗手液　　　C. 84 消毒液　　D. 医用酒精

32. 洗涤尿布时不要使用（　　）。

  A. 含酶的洗衣粉　　　　　　　B. 柔软剂

  C. 去污粉　　　　　　　　　　D. 以上都是

33. 母乳不但能（　　）婴幼儿的免疫能力，保护婴幼儿免于感染，预防腹泻、呼吸道感染，更能（　　）婴幼儿成为过敏体质的概率。

  A. 提高　提高　　　　　　　　B. 降低　降低

  C. 降低　提高　　　　　　　　D. 提高　降低

34. 一般而言，当每日摄入的奶量达（　　）毫升或每次哺乳量达（　　）毫升时，应添加辅食。

  A. 800　200　　B. 800　150　　C. 1 000　200　　D. 1 000　150

35. 喂奶量的增加要适合婴幼儿的（　　）。

  A. 喜好　　　　　　　　　　　B. 胃容量和消化吸收能力

C. 味觉　　　　　　　　　　D. 视觉

36. 哺乳姿势正确时会出现的情况是（　　）。

   A. 乳头出现疼痛

   B. 婴幼儿的体重如期增长

   C. 妈妈和婴幼儿都没有舒适感

   D. 喂了很长时间，婴幼儿看起来还是饿

37. 哺乳的时候妈妈一定要将婴幼儿抱紧，让宝宝能闻到妈妈身上的气味，以增加宝宝的（　　）。

   A. 食欲　　　B. 舒适感　　　C. 安全感　　　D. 以上都是

38. 生理性溢奶主要是由于婴幼儿在学会站立前，（　　）。

   A. 入口肌肉薄弱而弛缓，关闭作用不够强

   B. 胃呈水平位

   C. 出口肌肉处于紧张收缩状态

   D. 以上都是

39. 如果婴幼儿头顶部胎脂较厚，可擦一点（　　），待其干燥脱落即可。

   A. 水　　　B. 植物油　　　C. 动物油　　　D. BB 霜

40. 外环境的（　　）也可导致婴幼儿眼屎急剧增多。

   A. 干燥　　　B. 变化　　　C. 感染　　　D. 刺激

41. 刚出生的男婴包皮（　　），这时候的清理比较简单。

   A. 紧附在龟头上　　　　　　B. 开个小口

   C. 不完全分开　　　　　　　D. 完全分开

42. 婴幼儿洗脸的顺序是（　　）。

   A. 眼→鼻→嘴→额头→两颊部→耳

   B. 额头→眼→鼻→嘴→两颊部→耳

   C. 额头→眼→鼻→嘴→耳→两颊部

   D. 眼→鼻→嘴→额头→耳→两颊部

43. 用棉棒蘸（　　）清洁婴幼儿脐部。

   A. 95%的酒精　　　　　　　B. 75%的酒精

C. 碘酊　　　　　　　　　D. 安尔碘

44. 如果婴幼儿一定要含着奶瓶才能入睡，必须先清洁奶瓶奶嘴，并且只能装（　　）。

   A. 生理食盐水　　　　　　B. 葡萄糖水

   C. 奶水　　　　　　　　　D. 白开水

45. 3 岁左右的婴幼儿午睡时间不宜超过（　　）小时，以免影响夜间睡眠。

   A. 0.5　　　B. 1　　　C. 1.5　　　D. 2

46. 新生儿每日有（　　）个睡眠周期，每个周期 0.5~1 小时。

   A. 16~20　　　B. 15~18　　　C. 14~16　　　D. 12~15

47. 婴幼儿睡眠不足的表现是（　　）。

   A. 清晨自动醒来　　　　　B. 精力充沛

   C. 活泼好动　　　　　　　D. 体重不增

48. 6 个月以后的婴幼儿，可以开始练习坐盆。每次时间不宜过长，一般不超过（　　）分钟。

   A. 25~30　　　B. 15~20　　　C. 5~10　　　D. 0~5

49. 为（　　）个月左右的婴幼儿换尿布时，可以准备一些玩具或图书来分散其注意力。

   A. 3　　　B. 6　　　C. 9　　　D. 12

50. 婴幼儿的鞋子应选择具有优良的透气性和吸汗功能的，还应注意鞋底的（　　）等。

   A. 软硬　　　　　　　　　B. 厚薄

   C. 防滑性、轻便性　　　　D. 以上都是

51. 不要将婴幼儿交给（　　）照看。

   A. 任何陌生人　　B. 保姆　　　C. 邻居　　　D. 过路人

52. 气温较低时，可以给婴幼儿上身穿合适的衣服，再用柔软的绒布或棉布齐腋下包住，胸部以（　　）能插入为宜。

   A. 儿童手　　B. 成人手　　　C. 儿童拳头　　　D. 成人拳头

53. 使用背带抱婴幼儿的过程中不要做（　　）的动作。
   A. 提物　　　B. 剧烈运动　　　C. 转体　　　D. 搂抱

54. 幼儿期的宝宝开始学走、跑、跳，所以（　　）的成长环境对于宝宝来说就变得尤为重要了。
   A. 卫生　　　B. 安全　　　C. 温馨　　　D. 宽畅

55. 对婴幼儿物品进行沸水消毒时，消毒时间从水沸腾后继续煮沸（　　）分钟，可杀灭结核杆菌、真菌、病毒，但对芽孢的杀灭是不可靠的。
   A. 10　　　B. 20　　　C. 30　　　D. 40

56. 对于怕湿怕烫的毛类玩具，可在烈日下暴晒（　　）小时，借助太阳紫外线的照射，将细菌杀灭。
   A. 1~2　　　B. 2~3　　　C. 3~4　　　D. 4~6

57. 母乳含有婴幼儿所需的（　　）营养，有助于婴幼儿发育。
   A. 较多　　　B. 较少　　　C. 全部　　　D. 部分

58. 纯母乳喂养往往不能满足（　　）个月婴幼儿的生长发育需要。
   A. 1~2　　　B. 3~4　　　C. 4~6　　　D. 6~8

59. 新生儿出生后应立即吸吮母亲乳头，每侧乳房至少喂（　　）。
   A. 3分钟　　　B. 5分钟　　　C. 10分钟　　　D. 15分钟

60. 要留意奶嘴孔的大小是否合适，这是因为（　　）。
   A. 孔的大小会影响奶水的流量
   B. 孔太小吸奶费劲，婴幼儿失去吸奶兴趣
   C. 孔太大奶水流量过快，容易使婴幼儿呛着
   D. 以上都是

61. 喂奶后将婴幼儿缓慢竖起抱，头靠妈妈肩部，（　　）拍婴幼儿背部，让哺乳时吸入的空气（　　）地排出。
   A. 重重　缓缓　　　B. 轻轻　缓缓
   C. 轻轻　快快　　　D. 重重　快快

62. 红臀严重时会造成皮肤糜烂、感染而发生（　　）。
   A. 溶血症　　　B. 溶血性贫血　　　C. 坏血症　　　D. 败血症

63. 若婴幼儿患有严重的结膜炎而想要彻底改善眼屎，除了按照医生要求规范点眼药之外，还可用棉花棒蘸上（　　）轻轻擦洗。

　　A. 清水　　　　B. 75%的酒精　　C. 葡萄糖水　　D. 生理食盐水

64. 一般不主张给婴幼儿做口腔擦拭，如果舌苔特别厚时才做，可以用（　　）。

　　A. 第二道洗米水　　　　　　B. 清水

　　C. 温开水　　　　　　　　　D. 生理食盐水

65. 有些出牙咀嚼环和冷却过的、凉的东西碰到了婴幼儿的牙床会让宝宝（　　）。

　　A. 感到疼痛，加深他的痛苦　　B. 感到舒适，减轻他的疼痛

　　C. 感到疼痛，加深他的烦躁　　D. 感到舒适，减轻他的烦躁

66. 洗澡后用干的棉棒抵入婴幼儿耳朵不超过（　　）厘米处，轻轻稍做旋转，即可吸干水分和清除秽物。

　　A. 0.3　　　　B. 0.5　　　　C. 1　　　　D. 1.5

67. 睡眠有助于婴幼儿的脑发育，有助于（　　）的增强。

　　A. 判断力　　　B. 记忆力　　　C. 注意力　　　D. 想象力

68. 1~3岁婴幼儿夜间睡眠持续时间是（　　）小时。

　　A. 12　　　　B. 10　　　　C. 8　　　　D. 6

69. 日常生活发生变化不影响婴幼儿睡眠的是（　　）。

　　A. 出门　　　B. 更换奶粉　　C. 移住新屋　　D. 换新保姆

70. 为婴幼儿换尿布不能在（　　），要防止婴幼儿翻滚和扭动。

　　A. 床上　　　B. 成人腿上　　C. 桌子上　　D. 地板上

71. 睡觉的时候如果怕婴幼儿蹬被使肚子着凉，可选择即使婴幼儿两腿活动也不会露出肚皮的暗扣衣服或者（　　），或把婴幼儿放在睡袋里。

　　A. 背带裤　　B. 高腰裤　　　C. 连体衣　　　D. 系带裤

72. 要学会背、抱婴幼儿，使他得到（　　），感到全身舒适放松愉快。

　　A. 舒适　　　B. 支持　　　　C. 平衡　　　　D. 快乐

73. 1~2个月的婴幼儿，主要是（　　）。

A. 横抱 B. 角度较大的斜抱
C. 竖着抱 D. 摇篮式抱

74. "蜡烛包"会（　　）。
A. 限制婴幼儿胸廓的运动 B. 影响婴幼儿胸廓发育
C. 影响婴幼儿肺部发育 D. 以上都是

75. 婴幼儿出行可以选择的交通工具有（　　）。
A. 婴儿推车 B. 婴儿背带
C. 儿童安全座椅 D. 以上都是

76. 使用儿童安全座椅的正确方法是（　　）。
A. 体重超过18千克的幼童，使用安全座椅定位，加高座椅
B. 体重超过18千克的幼童，使用安全座椅定位，降低座椅
C. 体重超过18千克的幼童，使用安全带定位，加高座椅
D. 体重超过18千克的幼童，使用安全带定位，降低座椅

77. 随着婴幼儿年龄的增长，父母就需要为宝宝营造一个能够（　　）的生活空间。
A. 自由活动　　B. 自由发挥　　C. 自由探索　　D. 以上都是

78. 建议所有婴幼儿奶具最少（　　）消毒一次。
A. 隔天　　B. 每天　　C. 半天　　D. 每次用后

79. 婴幼儿衣物在清洗时用热水比较好，温度以（　　）℃为宜。
A. 30~40　　B. 40~50　　C. 50~60　　D. 60~70

80. 婴幼儿家具、卧具应（　　）用清水和干净的湿布擦拭一次灰尘。
A. 每周　　B. 每三天　　C. 隔天　　D. 每天

81. 根据婴幼儿的年龄段选择合适的配方奶粉，（　　）个月的婴幼儿可选用第一阶段的配方奶粉，（　　）个月的婴幼儿可选用第二阶段的配方奶粉，（　　）个月的婴幼儿可选用第三阶段的配方奶粉。
A. 0~3　4~6　6~12 B. 0~4　4~12　12~18
C. 0~6　6~12　12~24 D. 0~6　6~12　12~36

82. 与成人相比，婴幼儿肾功能尚不完善，给（　　）个月前的婴幼儿食物

中加盐，必定会增加其肾的负担，时间一长对孩子的肾发育不利。

  A. 4　　　　　B. 6　　　　　C. 8　　　　　D. 10

83. 对婴幼儿物品进行沸水消毒时，加水至物品（　　）水中，煮沸 5~10 分钟，其中煮奶嘴 3 分钟。

  A. 底部没入　　B. 部分没入　　C. 全部没入　　D. 以上都可以

84. 当发现婴幼儿溢奶时应（　　），防止呛奶。

  A. 立即将婴幼儿的头偏向一侧，或取侧卧位

  B. 轻拍其背部

  C. 使奶液从口角流出

  D. 以上都是

85. 尿布应用（　　）肥皂洗涤。

  A. 碱性　　　　B. 酸性　　　　C. 弱碱性　　　D. 弱酸性

86. "从前往后"的清洗顺序不能避免（　　）的发生。

  A. 尿道感染　　B. 内外阴感染　　C. 尿布疹　　D. 外阴炎

87. 用手轻轻将婴幼儿的睾丸（　　）再清洗。

  A. 扯起　　　　B. 按下　　　　C. 举起　　　　D. 托起

88. 在给婴幼儿洗澡前，应该关闭门窗、电风扇，使室内温度达到（　　）℃。

  A. 18~22　　　B. 24~26　　　C. 26~28　　　D. 28~30

89. 为婴幼儿做秽物清理，虽看似简单，但若（　　），往往难以进行下去，甚至引起孩子哭闹。

  A. 时间不对　　B. 方式不对　　C. 方法错误　　D. 孩子不配合

90. 新生儿鼻腔分泌物的清理方法是（　　）。

  A. 于灯光明亮处，沾湿棉花棒，伸进鼻子内侧逆时针旋转

  B. 于灯光明亮处，沾湿纱布球，伸进鼻子内侧逆时针旋转

  C. 于灯光明亮处，沾湿棉花棒，伸进鼻子内侧顺时针旋转

  D. 于灯光明亮处，沾湿纱布球，伸进鼻子内侧顺时针旋转

91. 清除婴幼儿耳屎的方式是（　　）。

A. 利用睡觉时间进行，用湿布擦拭外耳道，用干棉棒抵入耳朵轻轻旋转

B. 利用洗澡时间进行，用湿布擦拭外耳道，用干棉棒抵入耳朵轻轻旋转

C. 利用洗澡时间进行，用干棉球擦拭外耳道及耳洞

D. 利用洗澡时间进行，用湿布擦拭外耳道，用干棉球抵入耳朵轻轻旋转

92. 睡眠是大脑皮层以及皮下中枢（　　）的一种生理状态。

  A. 广泛处于抑制过程　　　　B. 广泛处于兴奋过程

  C. 部分处于抑制过程　　　　D. 部分处于兴奋过程

93. 培养良好的二便习惯，有利于婴幼儿（　　）的发展。

  A. 大运动能力　B. 精细动作　C. 认知能力　D. 社会行为

94. 有时婴幼儿喜欢吸吮手指可以不予干预，这对稳定婴幼儿（　　）起到了一定的作用。

  A. 自身情感　B. 注意力　C. 自控能力　D. 自身情绪

95. 换尿布的卫生习惯是（　　）。

  A. 每天固定时间换尿布

  B. 每次更换需用清水洗臀部

  C. 更换前成人用清水和肥皂洗手

  D. 更换时成人要严肃认真

96. 成人带着婴幼儿走动，也是建立情感的第一步，同时也促进其（　　）等的发展。

  A. 心智生理　B. 人际交往　C. 感情　D. 脂肪

97. 面向前抱婴幼儿的动作要领是（　　）。

  A. 让婴幼儿背靠着腰部

  B. 用一只手抱住婴幼儿的腰部

  C. 另一只手护住婴幼儿的头部

  D. 使婴幼儿能很好地看到面前的世界

98. 外出时婴幼儿大部分的时间都被背着、抱着或坐在婴儿车上，所以一定要携带（　　）作为婴幼儿的交通工具。

  A. 私家车　　　　　　　　B. 婴儿背带或推车

C. 公交车 D. 电动车

99. 当婴幼儿能够独立（　　）时，尽量不要使用婴儿车，以免摔出车外。

　　A. 坐起　　　B. 站起　　　C. 爬行　　　D. 行走

100. 清洁可消除大量潜在的病原微生物，以保证接触物品的安全性，减少（　　）的机会。

　　A. 呼吸道感染　　　　　　B. 消化道感染

　　C. 接触感染　　　　　　　D. 非接触感染

101. 对婴幼儿物品使用蒸汽消毒的好处是（　　）。

　　A. 奶瓶上的图案能更有效地保存

　　B. 令奶嘴更持久耐用

　　C. 所有物品都可存放在消毒锅内

　　D. 以上都是

102. 不管妈妈采用什么姿势哺乳，婴幼儿的（　　）必须呈一条直线。

　　A. 头、身体、臀部　　　　B. 头、臀部、脚后跟

　　C. 头、身体、脚后跟　　　D. 身体、臀部、脚后跟

103. 新生儿出生后 2~7 天，每 1~2 小时喂一次，间隔时间不超过（　　）小时。

　　A. 3　　　B. 2.5　　　C. 2　　　D. 1.5

104. 生理性溢奶是由于（　　），加上吃奶时易咽入空气，所以奶汁从胃中倒流入食道，从口中溢出。

　　A. 胃的容量小，扩张力较低　B. 胃的容量大，扩张力较低

　　C. 胃的容量小，扩张力较高　D. 胃的容量大，扩张力较高

105. 母乳喂养的婴幼儿，每日大便可达（　　）次，只要不是水泻都算正常。

　　A. 1~2　　　B. 2~3　　　C. 3~4　　　D. 5~6

106. 下列选项中，不属于产生红臀的主要原因的是（　　）。

　　A. 便后没有及时更换潮湿的尿布

　　B. 便后清洗后未及时涂护臀霜

C. 质地粗糙尿布的刺激

D. 腹泻造成大便次数增多

107. 尿布用（  ）清洗干净，以免残留物刺激皮肤而导致红臀。

  A. 清水　　　　B. 温水　　　　C. 冷水　　　　D. 热水

108. 清洗婴幼儿臀部前，准备好（  ）的洗屁屁的小盆和纯棉纱布。

  A. 婴幼儿专用　　　　　　　B. 母婴专用

  C. 婴幼儿洗澡共用　　　　　D. 全家公用

109. 在给女婴洗臀部的时候一定要坚持"从前往后"的原则，即从（  ）清洗。

  A. 尿道口→肛门→阴道口　　　B. 尿道口→阴道口→肛门

  C. 阴道口→尿道口→肛门　　　D. 肛门→阴道口→尿道口

110. 洗澡结束后，迅速用浴巾仔细擦干婴幼儿身上的水分，特别注意擦干（  ）等部位。

  A. 颈部　　　　B. 臀部　　　　C. 腋下　　　　D. 以上都是

111. 如果婴幼儿睫毛上粘着较多分泌物，可用消毒棉球先（  ）一会儿。

  A. 湿敷　　　　B. 清洗　　　　C. 擦拭　　　　D. 消毒

112. 清理婴幼儿鼻腔分泌物使用的棉花棒，必须是（  ）的棉花棒。

  A. 成人化妆使用　　　　　　B. 在药房或婴幼儿用品店消毒过

  C. 自己制作　　　　　　　　D. 以上都行

113. 异常耳垢的形成原因是（  ）。

  A. 躺着喝奶　　　　　　　　B. 洗澡后未做适当的处置

  C. 长期未清理耳垢　　　　　D. 以上都是

114. 婴幼儿睡眠时，机体的（  ）等多种生理活动处于较高水平。

  A. 循环　　　　B. 内分泌　　　　C. 呼吸　　　　D. 泌尿

115. 关于训练二便的时间和方法，以下说法错误的是（  ）。

  A. 让婴幼儿有一定的压力

  B. 婴幼儿的膀胱有控制能力

  C. 能够听懂和配合成人的抱姿与口语提示

D. 给予鼓励和表扬

116. 婴幼儿热量的（　　）是由头部散发的，不戴帽子会失去大量体热。

　　A. 15%　　　　B. 25%　　　　C. 35%　　　　D. 45%

117. 不要将婴幼儿独自留在公共场所游戏，宝宝应在（　　）以内并随时跟着。

　　A. 5米　　　　　　　　　　　B. 视线

　　C. 成人伸手可及范围　　　　D. 安全范围

118. "蜡烛包"的缺点是（　　）。

　　A. 使四肢活动"失去自由"　　B. 不利于宝宝肌肉和关节的活动

　　C. 影响大脑和全身的生长发育　　D. 以上都是

119. 被消毒的婴幼儿物品要全部浸入水中。一次消毒的物品不应放置太多，以不超过容量的（　　）为宜。

　　A. 1/4　　　　B. 1/2　　　　C. 2/3　　　　D. 3/4

120. 婴幼儿的手、口动作较多，自我控制能力较差，所以婴幼儿的（　　）应定期清洁。

　　A. 家具　　　　B. 卧具　　　　C. 玩具　　　　D. 以上都是

## 二、判断题（将判断结果填入括号中，正确的填"√"，错误的填"×"）

1. 婴幼儿吃奶的次数和每次的奶量都一样。　　　　　　　　　　（　　）

2. 不要强迫婴幼儿每餐一定喝完奶瓶里的奶，勉强为之只会让婴幼儿吐奶。

（　　）

3. 按摩、抚触、洗澡、喂药等一般都应放在给婴幼儿喂奶后。　　（　　）

4. 婴幼儿长牙后，可以吃些饼干、苹果等可满足咀嚼的食物，但要注意别躺着吃。　　　　　　　　　　　　　　　　　　　　　　　　　　（　　）

5. 育婴员衣服的袖口不要过紧过长，以扣纽扣为佳，尽量简单，不要有过多的装饰物品，以免婴幼儿误食。　　　　　　　　　　　　　（　　）

6. 让婴幼儿骑坐在成人胯部的动作，能够训练婴幼儿的平衡能力。（　　）

7. 一般每月用含氯消毒液或经国家有关部门检验合格的家具消毒剂擦拭一次婴幼儿的家具。（   ）

8. 每次清洗后，应暴露婴幼儿的臀部于空气或阳光下或用红外线灯照射，使婴幼儿局部皮肤干燥。（   ）

9. 举起婴幼儿的双腿，用一块纱布清洗大腿褶皱处。（   ）

10. 睡眠既减少了机体能量的消耗，也使整个机体得到了充分的休息。（   ）

11. 对婴幼儿从小进行常规性训练，可养成婴幼儿有规律的生活和活动习惯，培养其自律能力和自我生活能力。（   ）

12. 应经常开门、开窗通风，新鲜的空气会使婴幼儿入睡快、睡得香。（   ）

13. 新生儿出生以后，离开母亲子宫内既宁静又暖和安全的生活环境，会感到十分不习惯，也会感到惊慌不适。（   ）

14. 婴幼儿出行时，不管路途远近，尽可能备齐物品，以便不时之需。（   ）

15. 婴幼儿穿衣顺序：可先穿裤子再穿上衣，要一边跟婴幼儿说话一边进行，这样可以分散婴幼儿的注意力取得配合。（   ）

16. 婴幼儿衣物漂洗干净后，最好用晒太阳的办法除菌。（   ）

17. 尿布在漂洗干净后用温水烫过再晾晒更佳。（   ）

18. 当婴幼儿大便不正常或次数稍增多时，应马上就忌嘴。（   ）

19. 用干净的干纱布以擦拭的方式由前往后拭干小屁屁。（   ）

20. 清理新生儿鼻腔分泌物所用的棉花棒，必须是消毒过的棉花棒。（   ）

21. 婴幼儿定时大便最好在晚餐前进行，开始时可能便不出来，只要每天定时给婴幼儿把便，就可以逐渐形成习惯。（   ）

22. 带婴幼儿外出玩耍时，需注意避免婴幼儿捡东西吃或把东西塞进鼻孔里。（   ）

23. 当婴儿车停止行走时，要使用刹车功能。（   ）

24. 高档电动、电子玩具的消毒：可定期用95%的酒精棉球擦拭婴幼儿经常抚摸的部分。                                                       (   )

25. 生长激素能够减缓机体本身的骨骼、肌肉、结缔组织及内脏等的增长。
                                                                  (   )

26. 要把婴幼儿双臂紧贴躯干,把双腿拉直,用布、毯子或棉布进行包裹并在外面用带子捆绑起来,打成"蜡烛包"。                              (   )

27. 任何情况下都不能把婴幼儿独自留在密闭的车厢内,以免发生危险。
                                                                  (   )

28. 婴幼儿应有专用的便器。婴幼儿便后应马上倾倒并用清水冲洗。(   )

29. 若婴幼儿对动物蛋白有过敏反应,那么应选择水解蛋白的婴幼儿配方奶粉。                                                           (   )

30. 对婴幼儿物品进行沸水消毒时,加水至物品全部没入水中,煮沸3分钟,其中煮奶嘴2分钟。                                                 (   )

31. 采用少量多餐的方法,每日随机添加辅食。                         (   )

32. 每次喂奶后要及时给婴幼儿换尿布,因为进食引起胃肠反射,容易发生粪便排泄。                                                       (   )

33. 消毒是防止医院内感染的重要环节。                               (   )

34. 清洁的环境对于婴幼儿的成长是极其重要的。                       (   )

# 参 考 答 案

## 一、单项选择题

| 1. C | 2. C | 3. D | 4. D | 5. D | 6. C | 7. A | 8. C | 9. D | 10. D |
| 11. C | 12. B | 13. D | 14. D | 15. B | 16. D | 17. C | 18. D | 19. D | 20. D |
| 21. C | 22. C | 23. B | 24. D | 25. C | 26. B | 27. B | 28. B | 29. C | 30. D |
| 31. C | 32. D | 33. C | 34. C | 35. B | 36. C | 37. C | 38. D | 39. C | 40. C |
| 41. A | 42. A | 43. B | 44. D | 45. D | 46. A | 47. D | 48. C | 49. C | 50. D |
| 51. A | 52. B | 53. B | 54. A | 55. B | 56. D | 57. C | 58. C | 59. B | 60. D |

61. B  62. D  63. D  64. A  65. D  66. C  67. B  68. B  69. B  70. B
71. C  72. B  73. A  74. D  75. D  76. C  77. D  78. B  79. B  80. D
81. D  82. C  83. C  84. D  85. C  86. C  87. D  88. B  89. C  90. C
91. B  92. A  93. D  94. D  95. C  96. A  97. D  98. B  99. B  100. C
101. D  102. A  103. A  104. A  105. D  106. B  107. D  108. A  109. B  110. D
111. A  112. B  113. D  114. B  115. A  116. B  117. B  118. D  119. D  120. D

## 二、判断题

1. ×  2. √  3. ×  4. ×  5. √  6. ×  7. √  8. √  9. √  10. √
11. √  12. √  13. √  14. √  15. ×  16. √  17. ×  18. ×  19. ×  20. √
21. ×  22. √  23. √  24. ×  25. ×  26. ×  27. √  28. √  29. ×  30. ×
31. ×  32. √  33. √  34. √

# 第四章　保健与护理

## 考 核 要 点

| 基础知识考核范围 | 考核要点 | 重要程度 |
| --- | --- | --- |
| 三浴锻炼与抚触 | 1. 三浴锻炼与婴幼儿生长的关系 | 熟悉 |
| | 2. 三浴锻炼的方法及注意事项 | 掌握 |
| | 3. 婴幼儿抚触的方法及注意事项 | 掌握 |
| 常见症状的护理 | 1. 婴幼儿发病的早期表现 | 熟悉 |
| | 2. 婴幼儿体温测量的方法及注意事项 | 掌握 |
| | 3. 婴幼儿用药的工作内容及注意事项 | 掌握 |
| | 4. 婴幼儿就医的工作内容及注意事项 | 熟悉 |
| 意外伤害的处理 | 1. 婴幼儿四肢表皮擦伤的处理步骤及注意事项 | 掌握 |
| | 2. 婴幼儿四肢扭伤的处理步骤及注意事项 | 掌握 |
| | 3. 婴幼儿皮下血肿的处理步骤及注意事项 | 掌握 |
| | 4. 婴幼儿被蚊虫叮咬、蜂蜇的处理步骤及注意事项 | 掌握 |

## 重点复习提示

### 一、三浴锻炼与抚触

**1. 三浴锻炼的方法**

（1）空气浴锻炼。空气浴可与主被动操、游戏、体操、走路结合进行。从锻炼场所看，可以先从室内开始锻炼，适应后再到室外锻炼；从锻炼的时间长短看，要根据婴幼儿的不同年龄和身体状况，可从5分钟开始，逐渐增加，最长可达2小时。空气浴锻炼最好从夏季开始，这样婴幼儿能适应气温从热到温、到冷的逐渐过渡。寒冷季节可在室内进行空气浴，可以先开门、开窗通风换气，使室内空气清新。

（2）日光浴锻炼。日光浴锻炼时可以选择清洁、空气流通但又避开强风的地方，尽量露出婴幼儿皮肤，如头、手、脚、臀等部位。婴幼儿满月后就可以到户外晒太阳，时间长短要依据年龄大小和耐受情况来定，一般从5分钟开始逐渐延长到30分钟。冬季在室内做日光浴，要开窗，适宜在中午进行；夏季适宜在上午8：00—9：00，下午15：00—17：00进行。

（3）水浴锻炼。水浴锻炼又分为温水浴、冷水擦浴、冷水淋浴和婴幼儿游泳4种形式。

**2. 婴幼儿抚触的方法**

第一步，抚触头面部。首先，用两手拇指指腹从婴幼儿眉弓部向两侧太阳穴按摩；其次，两手拇指从下颌部中央向外上方按摩，让上下唇形成微笑状；最后，一手托头，用另一手的指腹从前额发际向上、向后按摩，至两耳后乳突。

第二步，抚触胸部。两手分别从婴幼儿胸部的两侧肋下缘向对侧肩部按摩，应避开乳头。

第三步，抚触腹部。两手依次从婴幼儿右下腹至上腹向左下腹，呈顺时针方向按摩。

第四步，抚触四肢。两手交替抓住婴幼儿的一侧上肢，从腋窝至手腕轻轻滑动并挤捏，对侧及双下肢的做法相同。

第五步，抚触手和足。用四指按摩婴幼儿手背或足背，并用拇指从婴幼儿手掌面或脚跟向手指或脚趾方向按摩，对每个手指或脚趾进行搓动。

第六步，抚触背臀部。以婴幼儿脊柱为中心，两手四指并拢，由脊柱两侧水平向外按摩，至骶尾部。

## 二、常见症状的护理

### 1. 婴幼儿发病的早期表现

婴幼儿年龄小，不能用语言准确表达病痛，成人要细心观察，尽早发现异常情况，及时进行治疗。婴幼儿时期由于自身免疫功能尚未发育完善，易患呼吸系统和消化系统疾病。婴幼儿感到不适的主要反应是啼哭，婴幼儿的精神状态是反映病情轻重的重要指标。

（1）啼哭。婴幼儿感到不适的主要反应是啼哭，在排除饥饿、排尿等因素后，应仔细检查婴幼儿的全身，从头到颈、躯干、四肢，稍用力抚摸一遍，再查看后背、颈下、腋窝、大腿根等部位。通常，成人手触到婴幼儿有病部位，婴幼儿会加剧哭闹或把成人手拨开，拒按，从而成人可以发现病症的部位。

（2）日常生活表现。如果成人发现婴幼儿经常看东西时歪头或靠得很近，应考虑是否有斜视或视力异常；婴幼儿对周围环境中突然出现的较大声响反应淡漠，则应考虑是否有听力异常。

（3）精神状态。如果婴幼儿面色红润、眼睛有神、正常玩耍、食欲好，说明婴幼儿病情不重；如果婴幼儿面色发白、眼睛无神、哭声无力或异常、不吃奶、烦躁不安或嗜睡、频繁呕吐或腹泻，则表明病情较重，成人应将婴幼儿送医就诊。

### 2. 婴幼儿体温测量的方法

（1）体温计的类型。体温计常见类型如图 1-4-1 所示。

（2）婴幼儿体温的特点。发热是婴幼儿生病时最常出现的征象。婴幼儿体温略高于成人。新生儿特别是早产儿体温调节功能尚未发育完善，调节功能差，易受外界环境的影响。婴幼儿活动量大，代谢增加，运动和进食的时候都会使体温升高，给婴幼儿测体温应在运动、进食后 30 分钟进行。婴幼儿不宜用口表测口温，以免咬断体温计。大多数情况下测量腋温，因为测腋温方便、安全，只有在婴幼儿体温低时才测肛温。

### 3. 婴幼儿用药的工作内容

不能随意给婴幼儿用药。因为年龄不同的婴幼儿，药物在其体内的分布及反

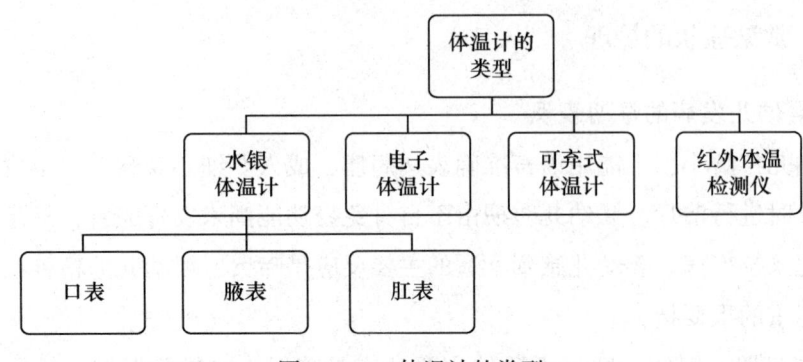

图 1-4-1 体温计的类型

应不同,对不同药物的敏感性也不同。婴幼儿肝脏排泄功能尚不成熟,特别是新生儿,药物及其分解产物滞留体内的时间延长,增加药物的毒性反应,因此应严格按医嘱用药。乳母用药,乳汁中可含有浓度较低的药物,一般对婴幼儿影响不大,但有些药物在乳汁中含量较大,可影响婴幼儿,因此乳母应在医生指导下用药。

### 三、意外伤害的处理

**1. 四肢表皮擦伤的处理**

第一步,清洁伤口。如果伤口小而浅或仅擦伤表皮,成人可用凉开水洗净周围皮肤、伤口。若有泥沙等污物,应彻底洗干净。

第二步,消毒。成人在清洁伤口后,用75%酒精由里到外消毒伤口周围皮肤。

第三步,涂药水。在伤口表面涂紫药水、红药水或碘酊。

如果伤口有少量出血,成人可用消毒纱布止血后再上药,用纱布包扎,避免沾水,让其自然干燥。

**2. 皮下血肿的处理**

皮下血肿多是在外力作用下,皮下毛细血管破裂出血所致。

第一步,观察损伤状况。当婴幼儿发生磕碰时,成人应立即观察婴幼儿的面色、四肢、全身损伤状况。

第二步,冷敷。成人可从冰箱中取出冰块,用布包裹后敷在血肿处,以减少皮下出血,或用冷湿毛巾冷敷止血。

第三步,局部加压包扎。

### 3. 蚊虫叮咬、蜂蜇的处理

第一步,检查皮肤。检查皮肤内是否留有蜂刺,如果有,应立即用指甲刀或镊子把蜂刺夹出来。

第二步,缓解蜇伤部位的肿胀和瘙痒等症状。可在蜇伤部位的周围涂些医用酒精或少许抗组胺软膏。

第三步,冷敷。可以把浸透冰冷水的纱布拧干,敷在被蜇伤或叮咬的部位。

# 理论知识辅导练习题

## 一、单项选择题(选择一个正确的答案,将相应的字母填入题内的括号中)

1. 日光中的紫外线,除了有杀菌作用,能提高皮肤的防御能力,还可以使皮肤内的 7-脱氢胆固醇转化为维生素 D,促进机体对(　　)的吸收,预防佝偻病的发生。

　　A. 钙、磷　　　　B. 锌　　　　C. 铁　　　　D. 维生素 D

2. 空气浴最好从(　　)开始,这样婴幼儿能适应气温从热到温、到冷的逐渐过渡,使机体逐步适应。

　　A. 春季　　　　B. 夏季　　　　C. 秋季　　　　D. 冬季

3. 对于(　　)应禁止进行空气浴锻炼。

　　A. 身体特别虚弱的婴幼儿　　B. 各种急慢性疾病患儿
　　C. 代偿不全的心瓣膜病患儿　　D. 以上都是

4. 新生儿满月后可以到户外晒太阳,一般从 5 分钟开始逐渐延长到(　　)分钟。

　　A. 10　　　　B. 20　　　　C. 30　　　　D. 60

5. 日光浴后要及时给婴幼儿（　　）。

   A. 喂水　　　　B. 洗澡　　　C. 抚触　　　D. 做被动操

6. 婴幼儿游泳禁忌证是（　　）。

   A. 患有婴幼儿疾病需接受治疗者

   B. 小于32周的早产儿

   C. 体重低于2 000克的低出生体重儿

   D. 以上都是

7. 婴幼儿游泳圈在使用前进行安全检查的内容是（　　）。

   A. 型号是否匹配

   B. 保险扣是否安全

   C. 双气道充气均匀，是否漏气

   D. 以上都是

8. 抚触手和足：用四指按摩手背或足背，并用拇指从婴幼儿手掌面或脚跟向手指或脚趾方向按摩，对每个手指、脚趾进行（　　）。

   A. 揉搓　　　　B. 按摩　　　C. 搓动　　　D. 提拎

9. 抚触的时候可以同时给婴幼儿（　　），还要注意与婴幼儿眼神的沟通。

   A. 播放一些音乐　　　　　B. 唱儿歌

   C. 讲故事　　　　　　　　D. 以上都是

10. 应在（　　）等情况后休息半小时再测婴幼儿的体温。

    A. 吃饭　　　　　　　　B. 喝水

    C. 运动出汗　　　　　　D. 以上都是

11. 熟悉婴幼儿就医的程序，带好（　　），不要舍近求远。

    A. 上次看病的病历　　　B. 自行处理的用药

    C. 出行用具　　　　　　D. 以上都是

12. 给婴幼儿喂药前，先准备好温度适宜的（　　），将已溶化好的药物用小勺子混匀。

    A. 茶水　　　　B. 饮料　　　C. 盐水　　　D. 糖水

13. 眼睛用药：成人的左手食指和拇指将婴幼儿上下眼睑分开，另一手轻挤药瓶将药水滴入眼睛,让药液滴落到( )。

    A. 眼球与眼睑之间　　　　B. 眼球上

    C. 上眼睑　　　　　　　　D. 下眼睑

14. 擦伤的伤口不适宜用创可贴,普通创可贴( ),容易引起伤口发炎,甚至导致溃疡。

    A. 吸水性和透气性不好　　B. 不利于创面分泌物及脓液的引流

    C. 有助于细菌的生长繁殖　D. 以上都是

15. 当婴幼儿发生磕碰时,立即从冰箱中取出冰块,用布包裹后敷在血肿处,以( )。

    A. 避免红肿形成　　　　　B. 减少皮下出血

    C. 减轻疼痛　　　　　　　D. 促进血液循环

16. 少数婴幼儿被蜇伤后会出现( )反应,需要紧急治疗。

    A. 过敏　　　　　　　　　B. 高热

    C. 红肿热痛　　　　　　　D. 中毒

17. 婴幼儿通过水的刺激,可( )。

    A. 增强机体体温调节机能反应能力

    B. 促进血液循环

    C. 增强机体对外界气温变化的适应能力

    D. 以上都是

18. 婴幼儿进行空气浴锻炼时,室温应逐渐下降,一般( )下降1 ℃,最低室温不低于12 ℃。

    A. 每天　　　　　　　　　B. 隔天

    C. 每3~4天　　　　　　　D. 每周

19. 空气浴锻炼要循序渐进,密切注意婴幼儿的反应,如有( )等情况,需立即停止。

    A. 皮肤发紫　　　　　　　B. 面色苍白

    C. 发凉　　　　　　　　　D. 以上都是

20. 婴幼儿进行日光浴锻炼时,夏天适宜在上午8—9点,下午15—17点进行；冬天宜在（　　）进行。

  A. 早上   B. 中午   C. 傍晚   D. 晚上

21. 抚触腹部：两手依次从婴幼儿的右下腹至上腹向左下腹，呈（　　）按摩。

  A. 逆时针方向    B. 顺时针方向

  C. 左右方向     D. 上下方向

22. 婴幼儿时期由于自身免疫功能尚未发育完善，易患（　　）疾病。

  A. 心血管系统    B. 神经系统

  C. 内分泌系统    D. 呼吸系统和消化系统

23. 婴幼儿体温（　　）成人。

  A. 略低于     B. 略高于

  C. 大大高于     D. 相等于

24. 乳母用药时乳汁中会含有浓度较低的药物，一般对婴幼儿影响不大，但有些药物在乳汁中含量较大，可影响婴幼儿，因此乳母应（　　）用药。

  A. 严格控制     B. 严格按说明书

  C. 不能随意     D. 在医生指导下

25. 体温计使用完毕，用（　　）棉擦拭备用。

  A. 安尔碘     B. 碘酊

  C. 75%的酒精    D. 95%的酒精

26. 鼻腔用药：抱住婴幼儿，使其头部尽量后仰并向患侧稍倾斜，再将药直接滴入鼻腔，并保持此体位（　　）分钟。

  A. 1~2   B. 2~3   C. 3~5   D. 5~10

27. 婴幼儿用药，应严格按医嘱要求的（　　）给药。

  A. 剂量      B. 时间间隔

  C. 剂量和时间间隔   D. 方法

28. 局部加压包扎可让皮下血肿（　　）吸收，小血肿1~2周、大血肿4~6周即可吸收。

  A. 缓慢   B. 迅速   C. 自然   D. 充分

29. 为缓解婴幼儿蜇伤部位的肿胀、瘙痒等症状，可在蜇伤部位的周围涂一些（　　）。
    A. 碘酊　　　　　　　　B. 医用酒精或少许抗组胺软膏
    C. 花露水　　　　　　　D. 红霉素软膏

30. 婴幼儿进行空气浴锻炼应根据（　　）安排。
    A. 季节　　　　　　　　B. 天气变化
    C. 婴幼儿的身体情况　　D. 以上都是

31. 要注意观察婴幼儿的反应，如（　　），以判断婴幼儿可接受日光照射的时间和强度。
    A. 脉搏　　　　　　　　B. 呼吸
    C. 皮肤发红及出汗情况　D. 以上都是

32. 婴幼儿的肝脏排泄功能不成熟，特别是新生儿，因此药物及其分解产物滞留体内的时间会延长，增加药物的（　　）。
    A. 副作用　　　　　　　B. 不良反应
    C. 毒性反应　　　　　　D. 过敏反应

33. 大多情况下，测量婴幼儿体温时均测量腋温，因为测腋温方便、安全，只有在婴幼儿（　　）才测肛温。
    A. 体温低时　　　　　　B. 体温极低时
    C. 体温高时　　　　　　D. 体温极高时

34. 给婴幼儿喂悬浮液时，不要掺水，应等服下药后再喂（　　）白开水。
    A. 1~2口　　B. 几口　　C. 少量　　D. 等量

35. 随便扭动扭伤的肢体会使损伤的部位症状加重，尤其在没有（　　）之前，更不应该随便活动已经扭伤的部位。
    A. 到医院　　　　　　　B. 拍X光片
    C. 进行确切诊断　　　　D. 确定骨骼是否损伤

36. 冷水擦浴适用于（　　）个月以上婴幼儿，体弱儿也可用。
    A. 4　　　　B. 6　　　　C. 8　　　　D. 12

37. 抚触胸部：两手分别从婴幼儿（　　）两侧向对侧肩部按摩，应避开乳头。

A. 胸部肋下缘　　　　　　B. 胸部肋上缘

C. 腹部上端　　　　　　　D. 脐部水平线

38. 婴幼儿对周围环境中突然出现的较大声响反应淡漠，应考虑是否有（　　）异常。

A. 视力　　　B. 听力　　　C. 感觉　　　D. 知觉

39. 脸部的擦伤，需注意如有（　　）嵌入皮肤时，及时用软刷子刷洗创面，不能有渣屑留于皮肤内。

A. 砂子　　　B. 煤渣　　　C. 玻璃碴　　　D. 以上都是

40. 冷水淋浴适用于2岁以上婴幼儿，室温应在（　　）以上。

A. 16℃　　　B. 18℃　　　C. 20℃　　　D. 25℃

41. 温水浴锻炼时，室温在26~28℃左右，水温在（　　）左右，同时注意观察婴幼儿的皮肤颜色及全身情况。

A. 32℃　　　B. 36℃　　　C. 38℃　　　D. 40℃

42. 给婴幼儿测体温应在运动、进食后（　　）分钟进行。

A. 5　　　B. 10　　　C. 20　　　D. 30

43. 看病时要向医生说明婴幼儿就诊的原因，包括（　　）。

A. 主要症状　　　　　　　B. 发病时间

C. 自行的处理及用药情况　　D. 以上都是

44. 给婴幼儿喂药前应准备好的物品是（　　）。

A. 一个中等大小的小勺

B. 一块小毛巾

C. 一个小酒盅或有刻度的小杯

D. 以上都是

二、判断题（将判断结果填入括号中，正确的填"√"，错误的填"×"）

1. 婴幼儿的精神状态是反映病情轻重的重要指标。　　　　　　　　　　（　　）

2. 婴幼儿活动量大，代谢增加，运动和进食的时候都会使体温升高。
（　　）

3. 年龄不同的婴幼儿，药物在其体内的分布及反应不同，对不同的药物的敏感性也不同，因此不能随意给婴幼儿用药。（　　）

4. 婴幼儿生病期间多喂水是非常必要的。（　　）

5. 热敷会使破裂的毛细血管进一步扩张，加重血肿，延迟愈合。（　　）

6. 婴幼儿游泳圈应用洗洁精擦拭，再用清水冲洗、晾干。（　　）

7. 婴幼儿四肢扭伤时，不应该随便活动已经扭伤的部位，可将扭伤肢体放平。（　　）

8. 冷水淋浴：可用冷水冲淋婴幼儿全身，按胸部—上肢—下肢—背部的顺序冲浴，但不要冲淋头部。（　　）

9. 抚触时若婴幼儿哭闹、呕吐，可继续操作。（　　）

10. 寒冷季节可在室内给婴幼儿进行空气浴，可以先开门、开窗通风换气，使室内空气清新。（　　）

11. 抚触腹部：两手依次从婴幼儿的右下腹至上腹向左下腹，呈逆时针方向按摩。（　　）

12. 小勺喂药法：用勺底压住婴幼儿舌面，再慢慢抬起勺柄，使药物流入口中，其速度与婴幼儿的吞咽动作一致。（　　）

13. 如果婴幼儿伤口有少量出血，可用消毒纱布止血后再上药，用纱布包扎，避免沾水，让其自然干燥。（　　）

14. 婴幼儿皮下血肿不能用手揉，越揉血肿越大，出血越多，疼痛越强烈。
（　　）

# 参 考 答 案

一、单项选择题

1. A　2. B　3. D　4. C　5. A　6. D　7. D　8. C　9. D　10. D

11. A  12. D  13. A  14. D  15. B  16. A  17. D  18. C  19. D  20. B
21. B  22. D  23. B  24. D  25. C  26. B  27. C  28. C  29. B  30. D
31. D  32. C  33. A  34. D  35. C  36. B  37. A  38. B  39. D  40. C
41. C  42. D  43. D  44. D

## 二、判断题

1. √  2. √  3. √  4. √  5. √  6. ×  7. ×  8. ×  9. ×  10. √
11. ×  12. √  13. ×  14. √

# 第五章　教育实施

## 考 核 要 点

| 基础知识考核范围 | 考核要点 | 重要程度 |
| --- | --- | --- |
| 训练婴幼儿粗大动作能力 | 1. 婴幼儿粗大动作发展的意义 | 掌握 |
| | 2. 婴幼儿粗大动作发展的特点 | 掌握 |
| | 3. 婴幼儿粗大动作发展的规律 | 掌握 |
| | 4. 进行婴幼儿粗大动作训练的原则 | 掌握 |
| | 5. 进行婴幼儿粗大动作训练的注意事项 | 掌握 |
| 训练婴幼儿精细动作能力 | 1. 婴幼儿精细动作发展的意义 | 掌握 |
| | 2. 婴幼儿精细动作发展的特点 | 掌握 |
| | 3. 婴幼儿精细动作发展的规律 | 掌握 |
| | 4. 进行婴幼儿精细动作训练的原则 | 掌握 |
| | 5. 进行婴幼儿精细动作训练的注意事项 | 掌握 |
| 训练婴幼儿听和说能力 | 1. 婴幼儿听和说能力发展的意义 | 掌握 |
| | 2. 婴幼儿听和说能力发展的特点 | 掌握 |
| | 3. 电视机对婴幼儿语言发展的阻碍作用 | 掌握 |
| | 4. 婴幼儿听和说能力发展的规律 | 掌握 |
| | 5. 进行婴幼儿指认游戏的要求与注意事项 | 掌握 |
| | 6. 为婴幼儿讲故事、念儿歌及童谣的要求与注意事项 | 掌握 |
| 指导婴幼儿认知活动 | 1. 婴幼儿认知能力发展的意义 | 掌握 |
| | 2. 婴幼儿认知能力发展的特点 | 掌握 |
| | 3. 婴幼儿认知能力发展的规律 | 掌握 |
| | 4. 进行婴幼儿认知能力训练的要求 | 掌握 |
| | 5. 进行婴幼儿认知能力训练的注意事项 | 掌握 |

# 重点复习提示

## 一、训练婴幼儿粗大动作能力

### 1. 婴幼儿粗大动作发展的特点

0~6个月是原始反射支配时期,以移动运动为主,如仰卧、侧卧、俯卧、翻身、蠕行、抱坐、扶坐等。7~12个月是步行前时期,仍以移动运动为主,如独坐、爬行、扶站、姿势转换、花样爬(障碍爬)、扶走等。13~18个月是步行时期,以行走平衡感发展为主,如站立、独立走(向不同方向走、直线走、曲线走、侧身走、倒退走)、攀登、掌握平衡等。19~36个月是基本运动技能时期,以技能运动为主,如跑(追逐跑、障碍跑)、跳(原地向上跳、向前跳)、投掷(投远、投向目标)、单脚站立、翻滚、走平衡木、抛物接物、玩运动器械(坐滑梯、荡秋千、蹬童车)等。

### 2. 婴幼儿粗大动作发展的规律

婴幼儿粗大动作从全身性的、笼统的、散漫的逐步分化为局部的、准确的、专门化的动作。从身体上部动作到下部动作。婴幼儿最早的动作发生在头部,其次是躯干,最后是下肢。从大肌肉动作到小肌肉动作。

### 3. 进行婴幼儿粗大动作训练的注意事项

婴幼儿粗大动作训练要循序渐进,选择的训练项目要适合婴幼儿的年龄特点。要注意上下肢同时进行刺激。粗大动作训练应做到时间短、次数多。训练时,要关注婴幼儿的情绪和表情,成人随时用表情和语言跟婴幼儿沟通。

## 二、训练婴幼儿精细动作能力

### 1. 婴幼儿精细动作发展的特点

婴幼儿精细动作发展的顺序是:从用满手抓握到用拇指与其他4指对握,再到食指与拇指对捏。婴幼儿精细动作的发展必须在粗大动作发展的基础上才能得到发展。

### 2. 婴幼儿精细动作发展的规律

0~6个月是抓、握动作发展时期。7~12个月是拍打、取物、对击、松手、扔物动作发展时期。13~18个月是套圈、垒高、食指按压、敲打、舀动作发展时期。19~24个月是串、二指捏、套叠、旋转、镶嵌动作发展时期。25~36个月是构造组合、拼拆、捏、搓、折、画画动作发展时期。

### 3. 进行婴幼儿精细动作训练的注意事项

婴幼儿精细动作练习要注重训练的过程对大脑发育的作用，不要过分追求技能的东西。婴幼儿精细动作练习要结合日常生活进行，做到生活化、具体化、游戏化。婴幼儿精细动作练习要注意手的卫生，结束时要及时洗手，预防铅中毒。

## 三、训练婴幼儿听和说能力

### 1. 婴幼儿听和说能力发展的意义

0~3岁是学习语言的最佳时期，大脑皮层的语言区特别敏感，容易对听到的语音进行记录和整理。1岁前是婴幼儿分辨语音的敏感期，如果缺乏面对面的语音交流环境，1岁后就很难接受新的语音；1~2岁是婴幼儿理解词的意义的敏感期，如果看、听、说相结合的训练太少，婴幼儿的理解能力就比较差，听不懂成人说的话。经常训练婴幼儿的发音，可以促进发音器官的发育及协调性。婴幼儿的听和说能力是婴幼儿与同伴和成人之间沟通的工具。

### 2. 婴幼儿听和说能力发展的特点

婴幼儿听和说能力发展的特点包括：理解先于表达；非口语表达突出；对词的理解是有序的；语言的理解与经验有关。

### 3. 婴幼儿听和说能力发展的规律

婴幼儿语音发展是以生理的成熟度为基础的。0~1岁是婴幼儿语言的准备阶段（前语言阶段）；1~3岁是婴幼儿语言的发生阶段（语言发展的突发期）。婴幼儿语言发展需经历以下4个阶段：单字句阶段、电报句阶段、简单句阶段、复合句阶段。

### 四、指导婴幼儿认知活动

#### 1. 婴幼儿认知能力发展的规律

0~12个月的婴幼儿,还不会使用语言,以感觉、知觉和动作来适应环境,以行动来"指挥"或"控制"周围的环境。婴幼儿最常用的认知方式是动作,通过抓、握、嚼等动作来了解世界和事物。13~24个月的婴幼儿,认知能力与手的精细动作和手眼协调密切相关。25~36个月的婴幼儿,应用视觉、听觉、触觉的能力有了提高,通过观看图片、参观等方式来了解事物。通过观察和思考,慢慢学会分析,提高比较和综合的能力。

#### 2. 进行婴幼儿认知能力训练的注意事项

(1) 挑选婴幼儿最感兴趣的东西激发好奇心,让婴幼儿多说、多听、多看、多摸、多动。

(2) 适度帮助,尽量不给答案。

(3) 要一件一件地教,避免混淆。

(4) 多次重复,强化记忆(需要重复十几遍甚至几十遍才有效果)。

(5) 使用简洁、正规的语言。

(6) 对同一东西要提供不同的样品,使婴幼儿从具体到抽象,逐步理解"词"的概括作用,发展思维能力。

(7) 认知能力要注重训练过程,不要过分追求训练结果。

## 理论知识辅导练习题

### 一、单项选择题(选择一个正确的答案,将相应的字母填入题内的括号中)

1. 婴幼儿粗大动作的发展有利于平衡感的建立,对婴幼儿(  )的培养和独立性的形成具有促进作用。

  A. 自尊心    B. 自信心    C. 同情心    D. 爱心

2. （　　）个月为原始反射支配时期，以移动运动为主，如仰卧、侧卧、俯卧、翻身、蠕行、抱坐、扶坐等。

  A. 0~6　　　　B. 7~12　　　　C. 13~18　　　　D. 19~36

3. 在进行大动作训练时，要尽量营造快乐的游戏氛围，这是粗大动作训练的（　　）。

  A. 循序渐进原则　　　　　　B. 适宜性原则

  C. 趣味性原则　　　　　　　D. 优先发展原则

4. 婴幼儿（　　）训练时要注意上下肢同时进行刺激。

  A. 精细动作　　B. 粗大动作　　C. 动作技能　　D. 手眼协调

5. 婴幼儿最初是用（　　）来感知事物的属性和事物间的关系的。

  A. 大脑　　　　B. 动作　　　　C. 手　　　　　D. 感知觉

6. 从用满手抓握到用拇指与其他4指对握，再到食指与拇指对捏，是婴幼儿（　　）发展的顺序。

  A. 精细动作　　B. 认知　　　　C. 自理能力　　D. 大动作

7. （　　）个月是串、二指捏、套叠、旋转、镶嵌动作发展的时期。

  A. 0~6　　　　B. 7~12　　　　C. 13~18　　　　D. 19~24

8. 婴幼儿精细动作练习要注意（　　）的卫生，预防铅中毒。

  A. 身体　　　　B. 脚　　　　　C. 脸　　　　　D. 手

9. （　　）岁是婴幼儿理解词的意义的敏感期。

  A. 0~1　　　　B. 1~2　　　　C. 2~3　　　　　D. 3~4

10. 在婴幼儿期，非口语表达主要依靠（　　）。

  A. 喊叫　　　　　　　　　　B. 哭闹

  C. 比画　　　　　　　　　　D. 眼神、身体姿势及动作

11. 婴幼儿在看电视时，瞳孔没有放大，眼睛会一直盯着屏幕，视线（　　），而视线移动正是阅读活动中关键的技巧，因此婴幼儿长时间看电视会减少脑创造表象的机会，导致婴幼儿脑发育受损、语言发育迟缓。

  A. 慢速移动　　B. 快速移动　　C. 会移动　　　D. 不会移动

12. （　　）岁是婴幼儿语言的发生阶段，也称为语言发展的突发期。

A. 0~1　　　B. 1~2　　　C. 2~3　　　D. 1~3

13. 进行婴幼儿指认游戏，指认一种物品（　　），才能进行大脑神经连接，建立永久记忆。

　　A. 要1次　　B. 要反复2次　　C. 要反复3次　　D. 要反复多次

14. 为婴幼儿讲故事、念儿歌及童谣时，最好（　　）。

　　A. 配有文字　　　　　　B. 配有小插图

　　C. 配有卡片或图书　　　D. 配有音乐

15. 婴幼儿认知能力的形成是（　　）发育成熟的结果。

　　A. 身体　　B. 感觉器官　　C. 大脑　　D. 手眼协调

16. 通过视觉、听觉、触觉和前庭平衡方面的训练，可以大大提高婴幼儿大脑的（　　）。

　　A. 平衡能力　　B. 学习能力　　C. 辨别能力　　D. 感觉统合功能

17. （　　）个月的婴幼儿，还不会使用语言，以感觉、知觉和动作来适应环境，以行动来"指挥"或"控制"周围的环境。

　　A. 0~12　　B. 13~19　　C. 20~24　　D. 25~36

18. 婴幼儿空间概念的发展始于感知反应，最早的感觉是（　　）。

　　A. 听觉　　B. 视觉　　C. 触觉　　D. 嗅觉

19. 婴幼儿认知能力训练的内容，要做到（　　）。

　　A. 可以同时出现2种内容　　　B. 可以同时出现3种内容

　　C. 可以同时出现多种内容　　　D. 一件一件地教，避免混淆

20. 粗大动作训练可以促进大脑发育的（　　），使大脑各有关部位的神经联系更加丰富，更加精确。

　　A. 主动性　　B. 积极性　　C. 协调性　　D. 能动性

21. （　　）个月为步行时期，以行走平衡感发展为主，包括站立、独立走（向不同方向走、直线走、曲线走、侧身走、倒退走）、攀登、掌握平衡等。

　　A. 0~6　　B. 7~12　　C. 13~18　　D. 19~36

22. 婴幼儿两手的动作发展顺序，标志着（　　）和感觉统合的成熟程度。

　　A. 手眼协调　　　　　　B. 动作

C. 感知觉　　　　　　　　　D. 大脑神经、骨骼肌肉

23. （　　）个月是抓、握动作发展的时期。

    A. 0~6　　　B. 7~12　　　C. 13~18　　　D. 19~24

24. 精细动作的发展有一个由简单到复杂的过程，这是大脑发育逐渐成熟的过程，因此为婴幼儿提供的玩具学具也要遵循由简单到复杂的特点。这是（　　）的描述。

    A. 递进性原则　　　　　　B. 趣味性原则

    C. 操作性原则　　　　　　D. 刺激性原则

25. 婴幼儿对语言的理解是建立在婴幼儿的（　　）的基础上。

    A. 说话　　　B. 感知经验　　　C. 动作　　　D. 认知

26. （　　）岁是语言的准备阶段，又称为前语言阶段。需要大量地倾听各种不同性质的声音，促进大脑听神经的发育，而且大脑此时会对听到的语音音素进行分析和储存。

    A. 0~1　　　B. 1~2　　　C. 2~3　　　D. 3~4

27. 进行婴幼儿指认游戏，同一时间内指认的品种不能太多，（　　），当宝宝认识了，再更换另一种类。

    A. 每次1种　　　B. 每次2种　　　C. 每次3种　　　D. 每次4种

28. 训练婴幼儿认知能力时，要做到（　　）。

    A. 只教一次就会　　　　　B. 多次重复，强化记忆

    C. 偶尔复习一两次　　　　D. 不需要复习

29. 新生儿如果出生时有缺氧、窒息、脑伤等情况，会表现出（　　）和动作异常。

    A. 动作发育迟缓　　　　　B. 呆头呆脑

    C. 流口水　　　　　　　　D. 语言障碍

30. （　　）个月为基本运动技能时期，以技能运动为主，包括跑（追逐跑、障碍跑）、跳（原地向上跳、向前跳）、投掷（投远、投向目标）、单脚站立、翻滚、走平衡木、抛物接物、玩运动器械（坐滑梯、荡秋千、蹬童车）等。

    A. 0~6　　　B. 7~12　　　C. 13~18　　　D. 19~36

31. 婴幼儿粗大动作训练应做到（　　）。

　　A. 时间短、次数少　　　　　　B. 时间长、次数多

　　C. 时间短、次数多　　　　　　D. 时间长、次数少

32. 婴幼儿精细动作发展的顺序是（　　）。

　　A. 从用满手抓握到用食指与拇指对捏，再用拇指与其他4指对握

　　B. 从用拇指与其他4指对握到用满手抓握，再到食指与拇指对捏

　　C. 从用满手抓握到用拇指与其他4指对握，再到食指与拇指对捏

　　D. 从食指与拇指对捏到用拇指与其他4指对握，再到用满手抓握

33. 婴幼儿精细动作训练的原则是（　　）。

　　A. 规范性原则、操作性原则、递进性原则

　　B. 趣味性原则、操作性原则、递进性原则

　　C. 操作性原则、递进性原则、适宜性原则

　　D. 刺激性原则、操作性原则、递进性原则

34. 为婴幼儿选择儿歌、童谣时，像三字经、唐诗等的内容对婴幼儿就（　　）。

　　A. 很合适　　B. 比较合适　　C. 合适　　D. 不合适

35. 婴幼儿最早的动作发生在（　　），其次在躯干，最后是下肢。

　　A. 上肢　　　B. 头部　　　C. 手指　　　D. 脚趾

36. 婴幼儿粗大动作练习一次的时间不宜太长，由于个体存在差异，以婴幼儿（　　）为宜。

　　A. 开心　　　B. 不感觉疲劳　　C. 兴趣　　　D. 疲劳

37. 在婴幼儿发展的不同时期，提供合适的刺激物让婴幼儿有机会进行精细动作的训练。这是（　　）的描述。

　　A. 规范性原则　　　　　　　B. 趣味性原则

　　C. 操作性原则　　　　　　　D. 刺激性原则

38. 婴幼儿精细动作练习要结合日常生活进行，做到（　　）。

　　A. 娱乐化、情境化、生活化　　B. 娱乐化、情境化、专门化

　　C. 生活化、具体化、游戏化　　D. 情境化、专门化、娱乐化

39. 认知在婴幼儿时期称为（　　），是婴幼儿对外界物质刺激的综合反应。

　　A. 学习行为　　　　　　　　　B. 适应性行为

　　C. 探索行为　　　　　　　　　D. 综合性行为

40. （　　）岁的婴幼儿有了大小知觉的恒常性，2岁左右开始有了大小的概念。

　　A. 1　　　　B. 1.5　　　　C. 3　　　　D. 4

41. 婴幼儿粗大动作练习必须遵循抬头、翻身、坐、爬、站、走的顺序，这是粗大动作训练的（　　）。

　　A. 循序渐进原则　　　　　　　B. 适宜性原则

　　C. 趣味性原则　　　　　　　　D. 优先发展原则

42. 2岁左右会说2~3或3~4个字组成的句子，把名词和动词组合在一起，这称为（　　）。

　　A. 单字句阶段　　　　　　　　B. 电报句阶段

　　C. 简单句阶段　　　　　　　　D. 复合句阶段

43. 进行婴幼儿指认游戏的顺序是（　　）。

　　A. 卡片、书上的人物和物体—家庭里的人物和物体—小区周围的人物和物体—马路街道上的人物和物体

　　B. 家庭里的人物和物体—卡片、书上的人物和物体—小区周围的人物和物体—马路街道上的人物和物体

　　C. 家庭里的人物和物体—小区周围的人物和物体—卡片、书上的人物和物体—马路街道上的人物和物体

　　D. 小区周围的人物和物体—卡片、书上的人物和物体—家庭里的人物和物体—马路街道上的人物和物体

44. （　　）个月的婴幼儿，会用手触摸看到的物体，使用简单的工具，用手的运动增长经验，用手表达意思等。

　　A. 0~12　　　B. 13~24　　　C. 25~36　　　D. 37~48

二、判断题（将判断结果填入括号中，正确的填"√"，错误的填"×"）

1. 婴幼儿大动作发展的顺序是抬头、翻身、坐、爬、站、走。（    ）

2. 进行精细动作训练时，只要提供玩具让婴幼儿自行玩耍就行了。（    ）

3. 婴幼儿精细动作练习结束后要及时洗手。（    ）

4. 更多的研究证据显示，长时间观看电视会导致婴幼儿脑发育受损，语言发育迟缓，患孤独症等。（    ）

5. 对于7~12个月的婴幼儿，可以提供能发出声音的玩具（小鼓、琴等）让婴幼儿拍打，提供小玩具和容器让婴幼儿取物和投放，提供不同规格和质地的小球让婴幼儿抓捏和扔球。（    ）

6. 婴幼儿认知能力训练时，对同一类东西不要提供不同的样品。（    ）

7. 手是人进行活动的主要器官，但不是人认识事物的重要器官。（    ）

8. 1~2岁是婴幼儿理解词的意义的敏感期，如果看、听、说相结合的训练太少，婴幼儿的理解能力就比较差，听不懂成人说的话。（    ）

9. 婴幼儿的语言就是指面部表情、发音、懂话和说话。（    ）

10. 3岁左右的婴幼儿会说2~3或3~4个字组成的句子，如"宝宝上街""妈妈抱抱"等。（    ）

11. 婴儿通过抓、握、嚼等这样的动作来了解世界和事物，但这不是婴儿最常用的认知方式。（    ）

12. 婴幼儿认知能力训练要使用简洁、正规的语言。（    ）

13. 1岁以内没有得到足够关心和爱护的婴幼儿，大脑额叶发育迟缓，造成迟说话或发音不清。（    ）

14. 婴幼儿不会说话时，可以跟着成人背诵的节奏做动作，过一段时间就可以随着成人说出最后押韵的字，以后就可以逐渐说出一句儿歌，最后可以说出完整的儿歌。（    ）

# 参 考 答 案

## 一、单项选择题

1. B  2. A  3. C  4. B  5. C  6. A  7. D  8. D  9. B  10. D
11. D  12. D  13. D  14. C  15. C  16. D  17. A  18. C  19. D  20. C
21. C  22. D  23. A  24. A  25. B  26. A  27. A  28. B  29. A  30. D
31. C  32. C  33. D  34. D  35. B  36. B  37. D  38. C  39. B  40. A
41. A  42. B  43. B  44. B

## 二、判断题

1. √  2. ×  3. √  4. √  5. √  6. ×  7. ×  8. √  9. √  10. ×
11. ×  12. √  13. √  14. √

# 第二部分

## 操作技能考核指南

第二部分

中国古代
文学史

# 考核内容结构表

考核内容结构表是操作技能题库的主体基本框架，它是在深入分析职业特点的基础上，按照技能题库理论模型，结合职业技能鉴定工作的要求开发设计的，充分体现了试题库的总体结构和设计思路。

考核内容结构表采取模块化的结构形式，既可以保证考核内容的完整性、统一性，又能满足各技术等级之间在考核内容和考核形式上的不同要求，同时它又是组成试卷的重要依据。操作技能考核的鉴定范围、鉴定比重、考核时间和考核形式在考核内容结构表中都做了明确的规定。

育婴员（初级）操作技能考核内容结构表见表2-1-1。根据《育婴员国家职业技能标准》的要求，将育婴员（初级）的全部考核内容划分为"生活照料""保健与护理"和"教育实施"3个一级模块和10个二级模块，并在二级模块下标有抽题方式、鉴定比重、考核时间和考核形式，考核时根据操作技能考核内容结构表组成考核试卷。

表2-1-1　育婴员（初级）操作技能考核内容结构表

| 鉴定范围<br>鉴定要求 | 生活照料 | | | 保健与护理 | | | 教育实施 | | | 合计 |
| --- | --- | --- | --- | --- | --- | --- | --- | --- | --- | --- |
| | 婴幼儿喂养 | 照料婴幼儿盥洗 | 照料婴幼儿出行 | 环境与物品清洁 | 三浴锻炼与抚触 | 常见症状护理 | 意外伤害处理 | 训练婴幼儿动作能力 | 训练婴幼儿听和说能力 | 指导婴幼儿认知活动 | |
| 抽题方式 | 任选一项 | | | 必考 | 任选一项 | | 必考 | 任选一项 | | | 5项 |
| 鉴定比重（%） | 20 | | | 20 | 20 | | 20 | 20 | | | 100 |
| 考核时间（分钟） | 10 | | | 10 | 10 | | 10 | 10 | | | 50 |
| 考核形式 | 实操 | | | 实操或笔试 | 实操 | | 实操 | 实操 | | | 实操+笔试 |

注："照料婴幼儿睡眠与排便"操作技能考核，在考场很难操作和用一定标准打分，因此未纳入"考核内容结构表"。

# 鉴定要素细目表

鉴定要素细目表是试题库总体结构和考核内容结构表的具体表现形式，该表按照技术等级分别列出，共分为两级模块。其中，二级模块下的"鉴定点"即为操作技能考核试题的考核内容。育婴员（初级）操作技能鉴定要素细目表见表2-1-2。

表2-1-2　　　　育婴员（初级）操作技能鉴定要素细目表

| 鉴定范围（一级） | | 鉴定比重（%） | 鉴定范围（二级） | | 鉴定比重（%） | 鉴定点 | | 重要程度 |
|---|---|---|---|---|---|---|---|---|
| 代码 | 名称 | | 代码 | 名称 | | 代码 | 名称 | |
| A | 生活照料 | 20 | A | 婴幼儿喂养 | 20 | 001 | 选择和冲调配方奶粉 | 掌握 |
| | | | | | | 002 | 使用奶瓶喂哺婴幼儿 | 掌握 |
| | | | | | | 003 | 婴幼儿溢奶的预防和处理 | 掌握 |
| | | | | | | 004 | 制作婴幼儿泥状食品 | 掌握 |
| | | | | | | 005 | 制作婴幼儿菜肴 | 掌握 |
| | | | B | 照料婴幼儿盥洗 | 20 | 001 | 给女婴清洗臀部 | 掌握 |
| | | | | | | 002 | 为婴幼儿洗澡 | 掌握 |
| | | | C | 照料婴幼儿出行 | 20 | 001 | 为婴幼儿穿脱衣服 | 掌握 |
| | | | | | | 002 | 正确包裹婴幼儿 | 掌握 |
| | | | | | | 003 | 背、抱婴幼儿 | 掌握 |
| | | | | | | 004 | 为婴幼儿准备出行的各种用具和物品 | 掌握 |
| | | | D | 环境与物品清洁 | 20 | 001 | 奶嘴与奶瓶的日常消毒 | 掌握 |
| | | | | | | 002 | 玩具的消毒 | 掌握 |
| B | 保健与护理 | 40 | A | 三浴锻炼与抚触 | 20 | 001 | 为婴幼儿进行阳光浴锻炼 | 掌握 |
| | | | | | | 002 | 婴幼儿游泳 | 掌握 |
| | | | | | | 003 | 婴幼儿抚触 | 掌握 |

续表

| 鉴定范围（一级） | | | 鉴定范围（二级） | | | 鉴定点 | | |
|---|---|---|---|---|---|---|---|---|
| 代码 | 名称 | 鉴定比重（%） | 代码 | 名称 | 鉴定比重（%） | 代码 | 名称 | 重要程度 |
| B | 保健与护理 | | B | 常见症状护理 | 20 | 001 | 为婴幼儿测量腋温 | 掌握 |
| | | | | | | 002 | 为患病婴幼儿喂药 | 掌握 |
| | | | | 意外伤害处理 | 20 | 001 | 为婴幼儿四肢表皮擦伤进行护理 | 掌握 |
| | | | | | | 002 | 为婴幼儿皮下血肿进行初步处理 | 掌握 |
| C | 教育实施 | 40 | A | 训练婴幼儿动作能力 | 20 | 001 | 翻身的游戏 | 掌握 |
| | | | | | | 002 | 爬的游戏 | 掌握 |
| | | | | | | 003 | 倒手、对击动作训练 | 掌握 |
| | | | | | | 004 | 松手投入动作训练 | 掌握 |
| | | | | | | 005 | 套圈动作训练 | 掌握 |
| | | | | | | 006 | 串动作训练 | 掌握 |
| | | | | | | 007 | 二指捏动作训练 | 掌握 |
| | | | B | 训练婴幼儿听和说能力 | 20 | 001 | 婴幼儿发音的训练 | 掌握 |
| | | | | | | 002 | 婴幼儿视听结合的训练 | 掌握 |
| | | | | | | 003 | 与婴幼儿一起玩指认游戏 | 掌握 |
| | | | | | | 004 | 为婴幼儿讲故事 | 掌握 |
| | | | C | 指导婴幼儿认知活动 | 20 | 001 | 颜色认知的训练 | 掌握 |
| | | | | | | 002 | 视听定向训练 | 掌握 |
| | | | | | | 003 | 物体的恒常性训练 | 掌握 |

# 操作技能辅导练习题

【题目1】使用奶瓶为3个月的婴儿喂奶

1. 考核要求

考生能按照正确的方法使用奶瓶为3个月的婴儿喂奶。

2. 准备工作

设备设施准备见表2-2-1。

表2-2-1　　　　　　设备设施准备

| 序号 | 名称 | 单位 | 数量 |
| --- | --- | --- | --- |
| 1 | 操作台 | 张 | 1 |
| 2 | 一段奶粉 | 罐 | 1 |
| 3 | 奶瓶、奶嘴、奶瓶盖 | 套 | 1 |
| 4 | 大号布娃娃 | 个 | 1 |
| 5 | 开水壶 | 个 | 1 |
| 6 | 凉水壶 | 个 | 1 |
| 7 | 围嘴 | 个 | 1 |
| 8 | 小毛巾 | 条 | 1 |

说明：考场应备有流动水设施。

3. 考核时限

完成本题操作基本时间为10分钟。

## 4. 评分项目及标准

| 序号 | 考核内容 | 考核要点 | 配分 | 评分标准 |
|---|---|---|---|---|
| 1 | 试奶的温度 | 按要求试奶的温度,并会调温 | 5 | (1) 在手背上或手腕的内侧滴几滴奶,试奶的温度,滴上去的奶应当感觉是温的。试温方法不正确扣3分<br>(2) 如果太凉,放在热水中加热;如果太热,放在冷水中降温。不会调温扣2分 |
| 2 | 婴儿喂奶前准备 | 按要求、按步骤做好喂奶前的准备工作 | 5 | (1) 给婴儿戴一个围嘴,手中拿条小毛巾,以便随时擦掉溢出来的奶<br>(2) 抱着婴儿,让婴儿成半直立位,碰碰婴儿靠近妈妈一侧的脸颊,让婴儿转过头来<br>一项没有做到扣2.5分 |
| 3 | 给婴儿喂奶 | 按要求给婴儿喂奶 | 5 | (1) 用奶嘴碰碰婴儿的嘴唇,婴儿就会用嘴含住奶嘴开始吸奶,把奶瓶拿好,奶瓶要有一定的角度,使奶嘴里充满奶液,不要有空气,这样可以预防婴儿吸入过多的空气。奶瓶角度不对扣2分<br>(2) 喂奶过程中,如果奶嘴扁平了,轻轻把奶嘴拉出来,让奶瓶中进一点空气。用手拉奶嘴扣1分<br>(3) 如果喂奶过程中婴儿打瞌睡,就让婴儿坐起、打嗝,然后继续给婴儿喂奶。没有采取措施扣1分<br>(4) 每次喂好以后,按婴儿喜欢的方式让婴儿打嗝排气。没有排气扣1分 |
| 4 | 使用奶瓶给婴儿喂奶注意事项 | 正确表达注意事项 | 5 | (1) 不要让婴儿独自一人躺着吸奶,那样容易造成窒息。没有说到扣1分<br>(2) 不要强迫婴儿每餐一定喝完奶瓶里的奶,勉强只会让婴儿吐奶。没有说到扣1分<br>(3) 喂的时候妈妈一定要将婴儿抱紧,让婴儿能闻到妈妈身上的气味,以增加婴儿的安全感。没有说到扣1分<br>(4) 要留意奶嘴孔的大小是否合适。因为奶嘴孔的大小会影响到奶水的流量,如果孔太小,婴儿吸奶会非常费劲,时间一长就会使婴儿对吸奶失去兴趣;如果孔太大,奶水流量过快,容易使婴儿呛着。没有说到扣2分 |
|   | 合计 |   | 20 | — |

否定项:若考生发生下列情况之一,则应及时终止其考试,考生该试题成绩记为零分。
(1) 在准备工作前没有洗手
(2) 喂奶前没有试奶的温度

评分人:         年 月 日            核分人:         年 月 日

## 【题目2】为1个月的女婴洗澡

### 1. 考核要求

考生能按照正确的方法为1个月的女婴洗澡。

### 2. 准备工作

设备设施准备见表2-2-2。

表2-2-2　　　　　　　　设备设施准备

| 序号 | 名称 | 单位 | 数量 |
| --- | --- | --- | --- |
| 1 | 浴盆 | 个 | 1 |
| 2 | 小毛巾 | 块 | 10 |
| 3 | 浴巾 | 块 | 10 |
| 4 | 温度计 | 个 | 1 |
| 5 | 专用沐浴露 | 瓶 | 1 |
| 6 | 专用洗发水 | 瓶 | 1 |
| 7 | 换洗衣物 | 套 | 4 |
| 8 | 专用润肤油 | 瓶 | 1 |
| 9 | 护臀霜 | 瓶 | 1 |
| 10 | 75%的酒精 | 瓶 | 1 |
| 11 | 棉签 | 包 | 1 |
| 12 | 尿片 | 片 | 5 |
| 13 | 爽身粉 | 罐 | 1 |
| 14 | 大号塑料娃娃 | 个 | 1 |

说明：考场应备有流动水设施。

### 3. 考核时限

完成本题操作基本时间为10分钟。

### 4. 评分项目及标准

| 序号 | 考核内容 | 考核要点 | 配分 | 评分标准 |
|---|---|---|---|---|
| 1 | 洗澡时间与温度 | 掌握女婴洗澡的适宜时间和室温、水温 | 5 | （1）洗澡的时间：洗澡一般在上午10点到下午4点之间。宜在喂奶前30分钟进行，或在喂奶后1~1.5小时进行<br>（2）洗澡时的室温：在洗澡前应该关闭门窗、电风扇，使室内温度达到24~26 ℃。冬天要开启暖气调节温度<br>（3）洗澡的水温：洗澡时的水温宜保持在38~40 ℃。用肘关节试水温，水温是否适宜最好由温度计来判断<br>（4）准备好新的尿片和换洗用的衣物<br>口述时缺少一项扣1.5分，扣完为止 |
| 2 | 洗澡准备 | 做好女婴洗澡前的准备工作 | 5 | 洗澡前先把女婴专用的浴盆、小毛巾、浴巾、沐浴露、洗发水、润肤油、护臀霜、75%的酒精、棉签、换洗的衣服、尿片、爽身粉等所需要的物品都准备好<br>准备物品缺少一样扣0.5分，扣完为止 |
| 3 | 洗澡步骤 | 按照洗澡步骤给女婴洗澡 | 5 | （1）洗脸：清洗之前，左肘部和腰部夹住女婴的屁股，左手掌和左臂托住婴儿头。用右手慢慢清洗；洗眼——由内眼角向外眼角擦；洗额头——由眉心向两侧轻轻擦拭前额；洗面——用洗脸的纱布或小毛巾蘸水后轻轻擦拭；洗耳——用手指裹毛巾轻轻擦拭耳郭及耳背<br>（2）洗头：首先将专用对眼睛无刺激的洗发水倒在手上；然后在女婴的头上轻轻揉洗，注意不要用指甲接触女婴的头皮，若头皮上有污垢，可在洗澡前将润肤油涂抹在女婴头上，这样可使头垢软化而易于去除；最后将女婴头上的洗发水洗干净<br>（3）洗身体：为女婴脱掉衣服后立即将其放入水中，以免着凉；左手托住女婴头、肩部，右手托住女婴臀部并引导女婴的脚首先进入水中，然后逐渐降低身体的其他部位，进入浴盆；洗澡时的清洗顺序是颈部→腋下→手、足→臀部（为女婴清洗臀部时，注意要由前向后洗），最后，用清水冲洗干净女婴的身体与头部<br>操作错误一项扣1分，扣完为止 |

续表

| 序号 | 考核内容 | 考核要点 | 配分 | 评分标准 |
|---|---|---|---|---|
| 4 | 洗澡结束后的护理 | 按要求做好女婴洗澡后的护理工作 | 5 | (1) 将女婴放在铺好的浴巾上，迅速包裹起来并仔细擦干身上的水分，特别注意擦干颈部、臀部、腋下等部位<br>(2) 用棉签蘸一点润肤油，在外耳道、鼻腔轻轻转2~3圈，清理出污垢与水珠<br>(3) 用棉签蘸75%的酒精清洁脐部，具体方法见脐部护理相关内容<br>(4) 最后为女婴穿上干净的衣服<br>操作错误一项扣1分，扣完为止 |
| | 合计 | | 20 | — |

否定项：若考生发生下列情况之一，则应及时终止其考试，考生该试题成绩记为零分。
(1) 没有试水温
(2) 清洗臀部时没有遵循"从前往后"的原则

评分人：　　　　　年 月 日　　　　　核分人：　　　　　年 月 日

## 【题目3】 为一个准妈妈做婴幼儿奶嘴与奶瓶的日常沸水消毒的指导

### 1. 考核要求

考生能指导准妈妈做婴幼儿奶嘴与奶瓶的日常沸水消毒。

### 2. 准备工作

笔试。设备设施准备：无。

### 3. 考核时限

完成本题笔试基本时间为10 min。

### 4. 评分项目及标准

| 序号 | 考核内容 | 考核要点 | 配分 | 评分标准 |
|---|---|---|---|---|
| 1 | 消毒前的准备 | 能按照要求做好婴幼儿奶嘴与奶瓶消毒前的准备 | 10 | (1) 餐后将奶瓶、奶嘴及配件彻底洗净，将奶嘴里外洗刷干净，再用清水冲洗干净<br>(2) 需要特别留意清洗奶嘴孔，并用水冲过洞孔，确保没有食物残留<br>　一项不正确扣5分 |

续表

| 序号 | 考核内容 | 考核要点 | 配分 | 评分标准 |
|---|---|---|---|---|
| 2 | 沸水消毒 | 能正确应用沸水消毒方法 | 10 | （1）先将清水煮沸，再放入要消毒的奶瓶和奶嘴，确保所有器具都完全浸泡在水中<br>（2）器具煮2~3分钟即可，消毒时一定要有人在场，以免发生危险<br>缺少一项扣5分 |
| | 合计 | | 20 | — |

否定项：若考生发生下列情况之一，则应及时终止其考试，考生该试题成绩记为零分。
（1）没有清洗奶嘴孔
（2）消毒时人不在场

评分人：　　　　　　　年　月　日　　　　　核分人：　　　　　　　年　月　日

## 【题目4】一个8个月的婴儿，体重8.5千克，家长准备开私家车带该婴儿出行，指导家长做好各种用具和物品的准备

### 1. 考核要求
考生能指导家长做好婴儿出行各种用具和物品的准备。

### 2. 准备工作
笔试。设备设施准备：无。

### 3. 考核时限
完成本题笔试基本时间为10分钟。

### 4. 评分项目及标准

| 序号 | 考核内容 | 考核要点 | 配分 | 评分标准 |
|---|---|---|---|---|
| 1 | 交通工具的选择 | 能根据情况选择合适的交通工具 | 5 | （1）根据婴儿体重低于9千克，要选择后向式汽车儿童安全座椅<br>（2）将安全座椅安排在后排位置<br>（3）将安全带置于较低的狭槽内，与肩齐或比肩略低，将安全带夹头的顶部系在腋窝的位置<br>一项不正确扣2分，扣完为止 |

续表

| 序号 | 考核内容 | 考核要点 | 配分 | 评分标准 |
|---|---|---|---|---|
| 2 | 必备物品 | 能为婴儿准备出行的必备物品 | 5 | (1) 衣物：至少两套衣服，一套是内衣，以便婴儿尿湿后或者出汗后能迅速更换，另一套是备用的外套，防止婴儿不小心弄湿或弄脏时更换；小帽子也是必备的，既能挡风又能挡住过于强烈的太阳光；能够独立行走的婴儿可以穿一双吸汗的棉袜和一双柔软合脚的鞋子。此外，围兜的使用可避免婴儿的口水浸湿衣服，手绢也可在婴儿呕奶时派上用场。为了防止婴儿睡觉着凉，还需备一条毯子<br>(2) 护肤品：婴儿的皮肤稚嫩，冬天外出时可准备润肤油，夏天可准备防晒霜<br>(3) 婴儿湿巾及纸巾：为婴儿换尿裤用或者清洁手脚用<br>(4) 婴儿熟悉和喜爱的玩具：婴儿熟悉和喜爱的玩具可以在陌生的环境里陪伴他，这很重要<br>(5) 护具：对于刚学会走路的婴儿，可以准备学步带或者护膝<br>(6) 其他：伞、防蚊液等<br>缺少一项扣 1 分，扣完为止 |
| 3 | 准备婴儿饮食 | 能为婴儿准备出行的食品 | 5 | 可准备足够的奶粉和装有开水的保温壶，最好还要准备好凉开水，便于冲泡奶粉<br>缺少一项扣 2 分，扣完为止 |
| 4 | 换尿布的准备 | 能为婴儿做好换尿布的准备 | 5 | (1) 出门的时候最好使用纸尿裤，可以多备几片<br>(2) 换下尿布后用婴儿湿巾清洁婴儿的臀部，有尿布疹的涂上护臀膏<br>(3) 准备几个可密封的塑料袋，可用来装脏尿布和脏衣服等<br>缺少一项扣 2 分，扣完为止 |
| | 合计 | | 20 | — |

否定项：若考生发生下列情况，则应及时终止其考试，考生该试题成绩记为零分。
将婴儿安排在汽车前排座位

评分人：　　　　　年　月　日　　　　　核分人：　　　　　年　月　日

## 【题目 5】为 2 个月的婴儿穿脱衣服

### 1. 考核要求

考生能按照正确的方法为 2 个月的婴儿穿脱衣服。

## 2. 准备工作

设备设施准备见表 2-2-3。

表 2-2-3　　　　　　　　　设备设施准备

| 序号 | 名称 | 单位 | 数量 |
|---|---|---|---|
| 1 | 操作台 | 个 | 1 |
| 2 | 婴儿不同类型衣物 | 套 | 4 |
| 3 | 大号塑料娃娃 | 个 | 1 |

说明：考场应备有流动水设施。

## 3. 考核时限

完成本题操作基本时间为 10 分钟。

## 4. 评分项目及标准

| 序号 | 考核内容 | 考核要点 | 配分 | 评分标准 |
|---|---|---|---|---|
| 1 | 衣着的选择 | 能为婴儿选择合适的衣服 | 5 | （1）上衣可选择圆领或斜襟领（和尚领）的<br>（2）内衣一定要吸汗，可以选择浅色、柔软的纯棉织品，最好不要有硬的缝合边，以免擦伤皮肤<br>（3）衣服的袖口不要过紧过长，以不带纽扣为佳，尽量简单，不要有过多的装饰物品，以免婴儿误食<br>口述时缺少一项扣 2 分，扣完为止 |
| 2 | 穿开衫衣服的步骤 | 能按步骤为婴儿穿开衫衣服 | 10 | （1）将衣服打开，平放在台面上<br>（2）让婴儿平躺在衣服上，脖子对准衣领的位置<br>（3）先将婴儿的一只手臂抬起来，再向上向外侧伸入袖子中，将婴儿的手轻轻地拉出来<br>（4）抬起另一只手臂，使肘关节稍稍弯曲，将小手伸向袖子中，并将小手拉出来<br>（5）把穿上的衣服拉平，系好带子或扣上纽扣<br>一个步骤错误扣 3 分，扣完为止 |
| 3 | 脱开衫衣服的步骤 | 能按步骤为婴儿脱开衫衣服 | 5 | （1）先将婴儿平放在平面上，从上到下解开衣服<br>（2）轻轻拉出婴儿的左手，再拉出右手<br>一个步骤错误扣 3 分，扣完为止 |
|  | 合计 |  | 20 | — |

否定项：若考生发生下列情况之一，则应及时终止其考试，考生该试题成绩记为零分。
（1）穿衣过程没有跟婴儿说话
（2）动作粗鲁

评分人：　　　　　　年　月　日　　　　　　核分人：　　　　　　年　月　日

## 【题目6】 为1个月的婴儿进行游泳锻炼的指导和示范

### 1. 考核要求

考生能向家长介绍婴儿游泳适应证、禁忌证和注意事项，同时为1个月的婴儿进行游泳锻炼的操作示范。

### 2. 准备工作

设备设施准备见表2-2-4。

表2-2-4　　　　　　　　　设备设施准备

| 序号 | 名称 | 单位 | 数量 |
| --- | --- | --- | --- |
| 1 | 操作台 | 个 | 1 |
| 2 | 婴儿游泳池 | 个 | 1 |
| 3 | 大号塑料娃娃 | 个 | 1 |
| 4 | 婴儿游泳圈 | 个 | 1 |
| 5 | 防水脐贴 | 片 | 1 |
| 6 | 小毛巾 | 条 | 4 |
| 7 | 婴儿洗发露 | 瓶 | 1 |
| 8 | 婴儿浴巾 | 条 | 1 |

说明：考场应备有流动水设施。

### 3. 考核时限

完成本题操作基本时间为10分钟。

### 4. 评分项目及标准

| 序号 | 考核内容 | 考核要点 | 配分 | 评分标准 |
| --- | --- | --- | --- | --- |
| 1 | 婴儿游泳适应证 | 了解婴儿游泳适应证（口述） | 4 | （1）足月正常分娩的剖宫产儿、顺产儿（0~12个月）<br>（2）32~36周分娩的早产儿、低体重儿（体重在2 000~2 500克，住院期间无须特殊处理者）<br>缺少一项扣2分 |
| 2 | 婴儿游泳禁忌证 | 了解婴儿游泳禁忌证（口述） | 4 | （1）患有婴儿疾病需接受治疗者<br>（2）小于32周的早产儿，体重低于2 000克的低体重儿<br>缺少一项扣2分 |

续表

| 序号 | 考核内容 | 考核要点 | 配分 | 评分标准 |
|---|---|---|---|---|
| 3 | 操作步骤 | 按操作步骤进行操作 | 6 | (1) 脐带未脱落的,要用防水脐贴护脐<br>(2) 除尿布外,婴儿所穿衣服全部脱掉并用浴巾包裹好,操作者用左手将婴儿身体夹在操作者的左腋下,用左手掌托稳婴儿的头,让婴儿脸朝上<br>(3) 擦洗面部:把一块专用小毛巾蘸湿,从眼角内侧向外轻轻擦拭双眼、嘴、鼻、脸及耳后<br>(4) 洗头:头稍低于躯干,用右手抹上洗发露,轻轻按摩头部,然后用清水冲洗擦干<br>(5) 套游泳圈:根据婴儿大小选择合适的游泳圈,游泳圈与婴儿颈部间隔约两手指,用一块小毛巾垫在婴儿下颌,让婴儿感觉更舒适<br>(6) 要缓慢入水,以免婴儿受惊吓。可先拉着婴儿手,等婴儿适应后再慢慢松开手<br>一个步骤操作不正确扣1分 |
| 4 | 注意事项 | 了解婴儿游泳的注意事项 | 6 | (1) 必须进食后1小时左右进行游泳,时间约10分钟<br>(2) 游泳池水深大于60 cm,必须以婴儿足不触及池底为标准<br>(3) 婴儿游泳期间必须有专人看护<br>(4) 室温为26~28 ℃,水温在38 ℃左右,同时注意观察婴儿的皮肤颜色及全身情况<br>(5) 游泳圈在使用前要进行安全检查,如型号是否匹配(泳圈内口直径稍大于婴儿颈围直径),保险扣是否安全,双气道充气是否均匀,是否漏气(将游泳圈按入水中检查)<br>(6) 游泳圈用消毒液擦拭,再用清水冲洗、晾干<br>缺少一项扣1分 |
| | 合计 | | 20 | — |

评分人:　　　　　　年　月　日　　　　　　核分人:　　　　　　年　月　日

## 【题目7】 为4个月的婴儿进行阳光浴锻炼

### 1. 考核要求

考生能用正确方法为4个月的婴儿进行阳光浴锻炼。

### 2. 准备工作

笔试。设备设施准备:无。

## 3. 考核时限

完成本题笔试基本时间为 10 分钟。

## 4. 评分项目及标准

| 序号 | 考核内容 | 考核要点 | 配分 | 评分标准 |
|---|---|---|---|---|
| 1 | 日光浴的准备 | 能做好日光浴的准备 | 5 | （1）在进行日光浴前，应先进行 5~7 天的空气浴<br>（2）冬季在室内做日光浴要开窗，满月后可以到户外晒太阳<br>（3）在婴儿进行日光浴以前，要先打开门、窗，让婴儿有个适应的过程再出门<br>（4）选择清洁、空气流通但又避开强风的地方，尽量露出婴儿皮肤，如头、手、脚、臀部等部位<br>缺少一项扣 1.5 分，扣完为止 |
| 2 | 日光浴的时间 | 掌握日光浴的时间 | 5 | （1）时间长短要依据婴儿年龄大小和耐受情况来定，一般从 5 分钟开始逐渐延长到 30 分钟<br>（2）夏天适宜在上午 8—9 点、下午 15—17 点进行，冬天可在中午进行<br>缺少一项扣 2.5 分 |
| 3 | 注意事项 | 了解日光浴的注意事项 | 10 | （1）要防止阳光直射婴儿的眼睛。如果太阳光很强，要给婴儿带上太阳帽，或选择在树荫下进行，以保护眼睛<br>（2）婴儿生病时，如婴儿有发热、严重的贫血、心脏病以及消化系统功能紊乱、身体特别虚弱的情况，就不宜进行日光浴<br>（3）日光浴后要及时给婴儿喂水，最好给予擦澡或淋浴<br>（4）不要隔着玻璃晒太阳，尽量让阳光直接接触皮肤<br>（5）要注意观察婴儿的反应，如脉搏、呼吸、皮肤发红及出汗情况，以判断婴儿可接受日光照射的时间和强度。如果日光照射后，婴儿出现虚弱感、大汗淋漓、神经兴奋、睡眠障碍、心跳加速等情况，应减少或停止日光照射<br>缺少一项扣 2 分 |
| | 合计 | | 20 | — |

评分人：　　　　　年　月　日　　　　　核分人：　　　　　年　月　日

## 【题目 8】为 12 个月的男婴做表皮擦伤护理

### 1. 考核要求

掌握为婴幼儿四肢表皮擦伤进行护理的方法和注意事项。

## 2. 准备工作

设备设施准备见表 2-2-5。

**表 2-2-5　　　　　　　　设备设施准备**

| 序号 | 名称 | 单位 | 数量 |
|---|---|---|---|
| 1 | 操作台 | 个 | 1 |
| 2 | 凉水杯 | 个 | 1 |
| 3 | 大号塑料娃娃 | 个 | 1 |
| 4 | 红药水 | 瓶 | 1 |
| 5 | 紫药水 | 瓶 | 1 |
| 6 | 碘酊 | 瓶 | 1 |
| 7 | 75%的酒精 | 瓶 | 1 |
| 8 | 消毒纱布 | 包 | 1 |
| 9 | 棉签 | 包 | 1 |
| 10 | 创可贴 | 包 | 1 |

说明：考场应备有流动水设施。

## 3. 考核时限

完成本题操作基本时间为 10 分钟。

## 4. 评分项目及标准

| 序号 | 考核内容 | 考核要点 | 配分 | 评分标准 |
|---|---|---|---|---|
| 1 | 婴幼儿四肢表皮擦伤的护理 | 掌握为婴幼儿四肢表皮擦伤进行护理的方法 | 10 | （1）如果伤口小而浅或仅擦伤表皮，可用凉开水洗净周围的皮肤，再用凉开水冲洗伤口<br>（2）如有泥沙等污物应彻底洗干净。如冲洗不掉，可用针挑出，以免污物留在皮肤里<br>（3）清洁伤口后用 75%的酒精由里到外消毒伤口周围皮肤，伤口表面涂紫药水、红药水或碘酊<br>（4）如果伤口有少量出血，可用消毒纱布止血后再上药，不用包扎，避免沾水，让其自然干燥<br>缺少一项扣 1 分 |

续表

| 序号 | 考核内容 | 考核要点 | 配分 | 评分标准 |
|---|---|---|---|---|
| 2 | 注意事项 | 掌握为婴幼儿四肢表皮擦伤进行护理的注意事项 | 10 | （1）擦伤的创面不必包扎，但注意避免沾水、尘土及其他脏物，以防止创面感染<br>（2）对于脸部的擦伤，需注意如有砂子、煤渣嵌入皮肤，及时用软刷子刷洗创面，不能有渣屑留于皮肤内，一般不要涂抹紫药水。如果擦伤面较大，在面部创面清洁消毒后，敷上油纱布，再包扎好<br>（3）擦伤的伤口不适宜用创可贴，应该消毒后让伤口自然暴露在空气中，以待愈合。这是因为擦伤皮肤的创面比普通伤口大，再加上普通创可贴的吸水性和透气性不好，不利于创面分泌物及脓液的引流，反而有助于细菌的生长繁殖，容易引起伤口发炎，甚至导致溃疡<br>一项不正确扣3.5分，扣完为止 |
| | 合计 | | 20 | — |

否定项：若考生发生下列情况之一，则应及时终止其考试，考生该试题成绩记为零分。
（1）用手揉擦伤的皮肤
（2）挤压伤口

评分人：　　　　　年　月　日　　　　　核分人：　　　　　年　月　日

## 【题目9】为婴幼儿皮下血肿进行初步处理

### 1. 考核要求

掌握为婴幼儿皮下血肿进行初步处理的方法和注意事项。

### 2. 准备工作

设备设施准备见表2-2-6。

**表2-2-6　　　　　设备设施准备**

| 序号 | 名称 | 单位 | 数量 |
|---|---|---|---|
| 1 | 操作台 | 个 | 1 |
| 2 | 冰块 | 个 | 1 |
| 3 | 大号塑料娃娃 | 个 | 1 |
| 4 | 毛巾 | 条 | 1 |
| 5 | 75%的酒精 | 瓶 | 1 |

续表

| 序号 | 名称 | 单位 | 数量 |
|---|---|---|---|
| 6 | 消毒纱布 | 包 | 1 |
| 7 | 棉签 | 包 | 1 |
| 8 | 创可贴 | 包 | 1 |
| 9 | 绷带 | 只 | 1 |

说明：考场应备有流动水设施。

### 3. 考核时限

完成本题操作基本时间为 10 分钟。

### 4. 评分项目及标准

| 序号 | 考核内容 | 考核要点 | 配分 | 评分标准 |
|---|---|---|---|---|
| 1 | 婴幼儿皮下血肿的初步处理 | 掌握为婴幼儿皮下血肿进行初步处理的方法 | 10 | （1）当婴幼儿发生磕碰时，应立即抱起婴幼儿，观察婴幼儿的面色、四肢及全身损伤状况<br>（2）立即从冰箱中取出冰块，用布包裹后敷在血肿处，以减少皮下出血。如果没有冰块，用冷湿毛巾冷敷也有助于止血<br>（3）可以在局部加压包扎，让其自然吸收，小血肿 1~2 周，大血肿 4~6 周即可吸收<br>　缺少一项扣 3.5 分，扣完为止 |
| 2 | 注意事项 | 掌握为婴幼儿皮下血肿进行初步处理的注意事项 | 10 | （1）皮下血肿不能用手揉，越揉血肿越大，出血越多，疼痛越强烈<br>（2）如果血肿发生在头部，且颅骨正常，血肿没有持续增大，精神如常，没有出现呕吐，可以先观察，否则应及时送医院就诊<br>　一项不正确扣 5 分 |
| | 合计 | | 20 | — |

否定项：若考生发生下列情况，则应及时终止其考试，考生该试题成绩记为零分。
用手揉皮下血肿

评分人：　　　　　　　年　月　日　　　　　核分人：　　　　　　　年　月　日

## 【题目 10】 为 10 个月的婴儿进行松手投入动作训练

### 1. 考核要求

考生能为 10 个月的婴儿进行松手投入动作训练。

## 2. 准备工作

设备设施准备见表 2-2-7。

表 2-2-7　　　　　　　　设备设施准备

| 序号 | 名称 | 单位 | 数量 |
|---|---|---|---|
| 1 | 游戏垫 | 个 | 1 |
| 2 | 捏响小动物玩具 | 只 | 6 |
| 3 | 塑料小盆 | 个 | 2 |
| 4 | 大号塑料娃娃 | 个 | 1 |

## 3. 考核时限

完成本题操作基本时间为 10 分钟。

## 4. 评分项目及标准

| 序号 | 考核内容 | 考核要点 | 配分 | 评分标准 |
|---|---|---|---|---|
| 1 | 松手投入动作训练的准备 | 能为婴儿进行松手投入动作训练的准备 | 6 | (1) 铺好游戏垫<br>(2) 准备捏响小动物玩具若干个，塑料小盆 2 个<br>一项不正确扣 3 分 |
| 2 | 游戏的方法 | 掌握为婴儿进行松手投入动作训练的方法 | 14 | (1) 育婴员和婴儿面对面坐在游戏垫上<br>(2) 育婴员出示装有捏响小动物玩具的小盆，逐一介绍小动物的名称，说这是小动物的家<br>(3) 育婴员说"小动物要搬家啦"，示范将捏响小动物玩具从一个盆中搬到另一个盆中<br>(4) 育婴员鼓励婴儿给捏响小动物玩具搬家<br>缺少一项扣 4 分，扣完为止 |
|  | 合计 |  | 20 | — |

否定项：若考生发生下列情况之一，则应及时终止其考试，考生该试题成绩记为零分。
(1) 游戏之前没有和婴儿逗乐，消除陌生感
(2) 没有用儿语的声调和婴儿说话

评分人：　　　　　年　月　日　　　　　核分人：　　　　　年　月　日

## 【题目 11】和 14 个月的幼儿玩"彩色套塔"游戏，进行套圈动作训练

### 1. 考核要求

考生能为 14 个月的幼儿进行套圈动作训练。

## 2. 准备工作

设备设施准备见表 2-2-8。

表 2-2-8　　　　　　　　设备设施准备

| 序号 | 名称 | 单位 | 数量 |
|---|---|---|---|
| 1 | 游戏垫 | 个 | 1 |
| 2 | 彩色套塔玩具 | 套 | 1 |
| 3 | 大号塑料娃娃 | 个 | 1 |

## 3. 考核时限

完成本题操作基本时间为 10 分钟。

## 4. 评分项目及标准

| 序号 | 考核内容 | 考核要点 | 配分 | 评分标准 |
|---|---|---|---|---|
| 1 | "彩色套塔"游戏的准备 | 能为幼儿做好"彩色套塔"游戏的准备 | 6 | (1) 铺好游戏垫<br>(2) 准备 1 套彩色套塔玩具<br>一项不正确扣 3 分 |
| 2 | 游戏的方法 | 掌握和幼儿进行"彩色套塔"游戏的方法 | 14 | (1) 育婴员和幼儿面对面坐在游戏垫上<br>(2) 育婴员示范将套圈一个一个地拿出柱子，再一个一个地将套圈套进柱子<br>(3) 育婴员鼓励幼儿将套圈一个一个地拿出柱子，再由育婴员按大小顺序将套圈逐个递给幼儿，让幼儿一个一个地将套圈套进柱子<br>(4) 育婴员奖励幼儿<br>缺少一项扣 4 分，扣完为止 |
| | 合计 | | 20 | — |

否定项：若考生发生下列情况之一，则应及时终止其考试，考生该试题成绩记为零分。
(1) 示范的动作不夸张
(2) 操作时套圈不能有序排列

评分人：　　　　　年　月　日　　　　　核分人：　　　　　年　月　日

## 【题目 12】和 20 个月的幼儿玩"虫吃苹果"游戏，进行串动作训练

### 1. 考核要求

考生能为 20 个月的幼儿进行串动作训练。

## 2. 准备工作

设备设施准备见表2-2-9。

表2-2-9　　　　　　　　设备设施准备

| 序号 | 名称 | 单位 | 数量 |
|---|---|---|---|
| 1 | 游戏垫 | 个 | 1 |
| 2 | "虫吃苹果"玩具 | 套 | 1 |
| 3 | 大号塑料娃娃 | 个 | 1 |

## 3. 考核时限

完成本题操作基本时间为10分钟。

## 4. 评分项目及标准

| 序号 | 考核内容 | 考核要点 | 配分 | 评分标准 |
|---|---|---|---|---|
| 1 | "虫吃苹果"游戏的准备 | 能为幼儿做好"虫吃苹果"游戏的准备 | 6 | (1) 铺好游戏垫<br>(2) 准备虫吃苹果玩具，每人一个<br>一项不正确扣3分 |
| 2 | 游戏的方法 | 掌握和幼儿进行"虫吃苹果"游戏的方法 | 14 | (1) 育婴员和幼儿面对面坐在游戏垫上<br>(2) 育婴员出示"虫吃苹果"玩具，说"小青虫想吃苹果，请你帮个忙"<br>(3) 育婴员示范将"虫子"穿过苹果的动作<br>(4) 育婴员鼓励幼儿自己穿，在幼儿换手拉线时，育婴员用食指顶住针的末端，不让其滑下，确保幼儿成功<br>缺少一项扣4分，扣完为止 |
| | 合计 | | 20 | — |

否定项：若考生发生下列情况之一，则应及时终止其考试，考生该试题成绩记为零分。
(1) 没有用游戏的口吻进行示范
(2) 示范动作太快，幼儿看不清楚

评分人：　　　　　年 月 日　　　　　　核分人：　　　　　年 月 日

## 【题目13】为7个月的婴儿进行倒手、对击动作训练

### 1. 考核要求

考生能为7个月的婴儿进行倒手、对击动作训练。

## 2. 准备工作

设备设施准备见表 2-2-10。

表 2-2-10　　　　　　　　　设备设施准备

| 序号 | 名称 | 单位 | 数量 |
|---|---|---|---|
| 1 | 游戏垫 | 个 | 1 |
| 2 | 小沙锤 | 个 | 4 |
| 3 | 大号塑料娃娃 | 个 | 1 |

## 3. 考核时限

完成本题操作基本时间为 10 分钟。

## 4. 评分项目及标准

| 序号 | 考核内容 | 考核要点 | 配分 | 评分标准 |
|---|---|---|---|---|
| 1 | 倒手、对击动作训练的准备 | 能为婴儿做好倒手、对击动作训练的准备 | 6 | (1) 铺好游戏垫<br>(2) 准备 4 个小沙锤玩具<br>一项不正确扣 3 分 |
| 2 | 游戏的方法 | 掌握为婴儿进行倒手、对击动作训练的方法 | 14 | (1) 育婴员和婴儿面对面坐在游戏垫上<br>(2) 育婴员递给婴儿一个小沙锤，同时说"宝宝拿"<br>(3) 育婴员从婴儿拿玩具这一侧再递玩具，说"宝宝再拿"，刺激婴儿将手中玩具倒手后，再接另一个玩具<br>(4) 育婴员示范对击小沙锤，边示范边说"敲敲敲"，让婴儿模仿对击动作<br>缺少一项扣 4 分，扣完为止 |
|  | 合计 |  | 20 | — |

否定项：若考生发生下列情况之一，则应及时终止其考试，考生该试题成绩记为零分。
(1) 游戏之前没有和婴儿逗乐，消除陌生感
(2) 没有用儿语的声调和婴儿说话

评分人：　　　　　年　月　日　　　　　核分人：　　　　　年　月　日

## 【题目 14】为 3 个月的婴儿进行发音训练

### 1. 考核要求

考生能和 3 个月的婴儿玩"模仿面部表情"游戏，进行发音训练。

## 2. 准备工作

设备设施准备见表 2-2-11。

表 2-2-11　　　　　　　设备设施准备

| 序号 | 名称 | 单位 | 数量 |
|---|---|---|---|
| 1 | 游戏垫 | 个 | 1 |
| 2 | 大号塑料娃娃 | 个 | 1 |

## 3. 考核时限

完成本题操作基本时间为 10 分钟。

## 4. 评分项目及标准

| 序号 | 考核内容 | 考核要点 | 配分 | 评分标准 |
|---|---|---|---|---|
| 1 | "模仿面部表情"游戏的准备 | 能为婴儿做好"模仿面部表情"游戏的准备 | 5 | (1) 铺好游戏垫<br>(2) 婴儿仰卧在游戏垫上<br>一项不正确扣 2.5 分 |
| 2 | 游戏的方法 | 掌握和婴儿进行"模仿面部表情"游戏的方法 | 10 | (1) 育婴员俯身与婴儿面对面，距离 30 厘米<br>(2) 育婴员反复做张口、闭口动作并发"啊"的音，引发婴儿的注意和模仿<br>(3) 育婴员反复做噘嘴的动作并发"鸣"的音，引发婴儿的注意和模仿<br>(4) 育婴员反复做露齿、圆唇的动作并发"衣"的音，引发婴儿的注意和模仿<br>(5) 育婴员反复做鼓腮、吸吮的动作，引发婴儿的注意和模仿<br>缺少一项扣 2 分 |
| 3 | 注意事项 | 掌握和婴儿进行"模仿面部表情"游戏的注意事项 | 5 | (1) 育婴员示范时面部动作要夸张<br>(2) 以上 4 个动作要一个一个地教，等第 1 种动作学会了，再学习第 2 种动作<br>一项不正确扣 2.5 分 |
| | 合计 | | 20 | — |

否定项：若考生发生下列情况之一，则应及时终止其考试，考生该试题成绩记为零分。
(1) 游戏前没有逗乐，没有引发婴儿的兴趣
(2) 示范动作太快，婴儿看不清楚

评分人：　　　年　月　日　　　　　　核分人：　　　年　月　日

## 【题目 15】为 2 个月的婴儿进行视听定向训练

### 1. 考核要求

考生能为 2 个月的婴儿进行视听定向训练。

### 2. 准备工作

设备设施准备见表 2-2-12。

表 2-2-12　　　　　设备设施准备

| 序号 | 名称 | 单位 | 数量 |
| --- | --- | --- | --- |
| 1 | 游戏垫 | 个 | 1 |
| 2 | 婴儿摇铃 | 个 | 1 |
| 3 | 大号塑料娃娃 | 个 | 1 |

### 3. 考核时限

完成本题操作基本时间为 10 分钟。

### 4. 评分项目及标准

| 序号 | 考核内容 | 考核要点 | 配分 | 评分标准 |
| --- | --- | --- | --- | --- |
| 1 | 准备工作 | 能为婴儿做好视听定向训练的准备 | 5 | （1）铺好游戏垫<br>（2）准备 1 个婴儿摇铃<br>一项不正确扣 2.5 分 |
| 2 | 为婴儿进行视听定向训练的方法 | 掌握为婴儿进行视听定向训练的方法 | 15 | （1）让婴儿仰卧在游戏垫上<br>（2）非生物视听定向：育婴员距婴儿眼睛 20~25 厘米处，将婴儿摇铃边摇边缓慢移动，使婴儿的视线随婴儿摇铃移动<br>（3）生物视听定向：育婴员和婴儿面对面，待婴儿看清育婴员的脸后，一边呼喊婴儿名字，一边移动脸，婴儿会随育婴员的脸和声音移动<br>一项不正确扣 5 分 |
| | 合计 | | 20 | — |

评分人：　　　　　　年　月　日　　　　核分人：　　　　　　年　月　日

## 【题目 16】 为 2 岁的幼儿进行认识红色的训练

### 1. 考核要求

考生能为 2 岁的幼儿进行认识红色的训练。

### 2. 准备工作

设备设施准备见表 2-2-13。

表 2-2-13　　　　设备设施准备

| 序号 | 名称 | 单位 | 数量 |
| --- | --- | --- | --- |
| 1 | 游戏垫 | 个 | 1 |
| 2 | 红色的物品 | 种 | 8 |
| 3 | 各色几何片 | 盘 | 1 |
| 4 | 大号塑料娃娃 | 个 | 1 |

### 3. 考核时限

完成本题操作基本时间为 10 分钟。

### 4. 评分项目及标准

| 序号 | 考核内容 | 考核要点 | 配分 | 评分标准 |
| --- | --- | --- | --- | --- |
| 1 | 准备工作 | 能为幼儿做好认识红色训练的准备 | 5 | (1) 铺好游戏垫<br>(2) 准备红色的物品若干个，创造认颜色的环境<br>(3) 准备各种颜色的几何片 1 盘<br>一项不正确扣 2 分，扣完为止 |
| 2 | 为幼儿进行认识红色的训练 | 掌握为幼儿进行认识红色训练的方法 | 10 | (1) 育婴员与幼儿面对面坐在婴儿游戏垫上，距离 50 厘米<br>(2) 育婴员逐一出示红色的物品，说"这是红色"<br>(3) 育婴员逐一出示红色的物品，问"这是什么颜色"，让幼儿逐一说出红色<br>(4) 育婴员出示各种颜色的几何片一盘，请幼儿找出红色的<br>一项不正确扣 2.5 分 |

续表

| 序号 | 考核内容 | 考核要点 | 配分 | 评分标准 |
|---|---|---|---|---|
| 3 | 注意事项 | 掌握为幼儿进行认识红色训练的注意事项 | 5 | （1）教幼儿认识颜色，要一种一种地教，避免混淆<br>（2）要等幼儿熟练掌握一种颜色后，才能更换新的颜色<br>（3）提供认识颜色的材料，品种要多，才能建立某种颜色的概念<br>一项不正确扣2分，扣完为止 |
| | 合计 | | 20 | — |

否定项：若考生发生下列情况，则应及时终止其考试，考生该试题成绩记为零分。
只提供一种红色的物品

评分人：　　　　　　　　年　月　日　　　　　核分人：　　　　　　　　年　月　日

## 【题目17】为6个月的婴儿进行视听结合的训练

### 1. 考核要求
考生能和6个月的婴儿玩"播放卡片"游戏，进行视听结合的训练。

### 2. 准备工作
设备设施准备见表2-2-14。

表2-2-14　　　　　　　设备设施准备

| 序号 | 名称 | 单位 | 数量 |
|---|---|---|---|
| 1 | 婴儿靠椅 | 把 | 1 |
| 2 | 大号塑料娃娃 | 个 | 1 |
| 3 | 水果卡片 | 盒 | 1 |

### 3. 考核时限
完成本题操作基本时间为10分钟。

### 4. 评分项目及标准

| 序号 | 考核内容 | 考核要点 | 配分 | 评分标准 |
|---|---|---|---|---|
| 1 | "播放卡片"游戏的准备 | 能为婴儿做好"播放卡片"游戏的准备 | 5 | （1）准备水果卡片一盒<br>（2）让婴儿坐在婴儿靠椅上<br>一项不正确扣2.5分 |

续表

| 序号 | 考核内容 | 考核要点 | 配分 | 评分标准 |
|---|---|---|---|---|
| 2 | 游戏的方法 | 掌握和婴儿进行"播放卡片"游戏的方法 | 10 | (1) 育婴员与婴儿面对面,距离 30 厘米<br>(2) 育婴员将卡片放在脸的左侧,与口腔平行,用缓慢的速度播放卡片<br>(3) 育婴员每张卡片播放的次数以婴儿视线离开之前为准,当婴儿的视线即将离开卡片之前,更换第 2 张卡片<br>一项不正确扣 3.5 分,扣完为止 |
| 3 | 注意事项 | 掌握和婴儿进行"播放卡片"游戏的注意事项 | 5 | (1) 育婴员每次播放 2~3 张卡片,时间以婴儿感兴趣、不疲劳为准<br>(2) 可以循环往复<br>一项不正确扣 2.5 分 |
| | 合计 | | 20 | — |

否定项:若考生发生下列情况之一,则应及时终止其考试,考生该试题成绩记为零分。
(1) 游戏前没有逗乐,没有引发婴儿的兴趣
(2) 播放卡片时没有注视婴儿的眼睛

评分人:　　　　年　月　日　　　　　　核分人:　　　　年　月　日

# 第三部分

## 模拟试卷

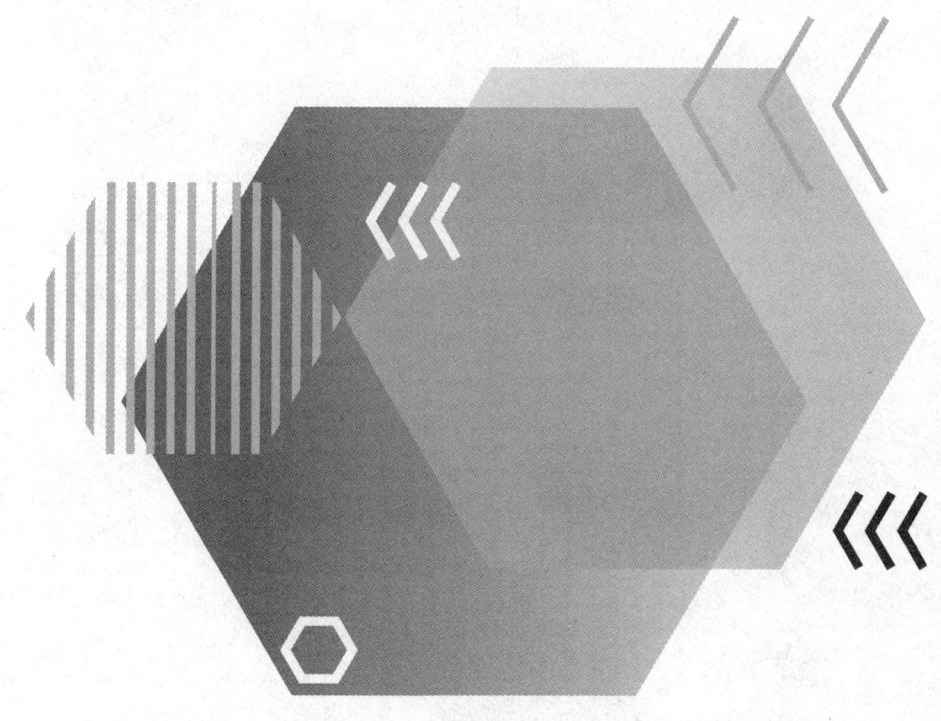

第三部分

陳州放糧

# 理论知识考核模拟试卷

## 注 意 事 项

1. 本试卷依据《育婴员国家职业技能标准》命制。考试时间：60分钟。
2. 请在试卷标封处填写姓名、准考证号和所在单位的名称。
3. 请仔细阅读答题要求，在规定位置填写答案。

|  | 一 | 二 | 总分 |
|---|---|---|---|
| 得分 |  |  |  |

| 得分 |  |
|---|---|
| 评分人 |  |

一、单项选择题（第1题~第80题。选择一个正确的答案，将相应的字母填入题内的括号中。每题1分，满分80分。）

1. 职业道德是指从事一定职业的人，在工作或劳动过程中，应该遵循的与其职业活动紧密联系的（　　）。

　　A. 道德规范的总和　　　　　　B. 道德

　　C. 规范的总和　　　　　　　　D. 道德的总和

2. 职业道德的重点是解决（　　）问题。

　　A. 个人态度　　B. 个人报酬　　C. 劳动态度　　D. 劳动报酬

3. 最初的动作常常是全身的、笼统的、弥漫性的，以后才逐渐形成局部的、准确的、专门化的动作。这是动作发展（　　）的规律。

A. 从上部动作到下部动作　　　　B. 从整体动作到分化动作

C. 从粗大动作到精细动作　　　　D. 从大肌肉动作到小肌肉动作

4. 疫苗多是用病菌、病毒或其产生的毒素制成的,经过杀灭或减毒处理,有一定的（　　），接种后可引起一些反应。

A. 药性　　　　B. 毒性　　　　C. 刺激性　　　　D. 免疫性

5. 婴幼儿因长年为尿布包裹,易出现尿布疹,宜在大便后用清水清洗并用柔软的毛巾吸干,再涂一层（　　）。

A. 爽身粉　　　　　　　　　　B. 护臀霜或润肤油

C. BB 霜　　　　　　　　　　D. 湿疹膏

6. 由于婴幼儿发育还不完善,对有害物质的耐受性（　　）。

A. 较低　　　　B. 特别低　　　　C. 较高　　　　D. 特别高

7. （　　）等产品在除去水中工业污染物时,也将水中的矿物质和微量元素去除一大部分。长期饮用,必然使人体某些矿物质或微量元素摄入不足。

A. 蒸馏水　　　　B. 纯净水　　　　C. 太空水　　　　D. 以上都是

8. 长期进食精细食物,不仅会因减少 B 族维生素的摄入而影响神经系统发育,还有可能因为铬元素缺乏"株连"（　　）。

A. 味觉　　　　B. 嗅觉　　　　C. 视力　　　　D. 听力

9. 未成年人接受的赠款、赠物归属未成年人所有。任何人,包括未成年人的父母或其他监护人,不得以该未成年人未成年为由将该款、物据为己有。这是未成年人享有的（　　）。

A. 财产所有权　　B. 受赠权　　C. 知识产权　　D. 继承权

10. 辅食是指根据婴幼儿生长发育的不同阶段对各种营养素需求的增加,而添加、补充其他营养素的（　　）。

A. 主要食品　　B. 辅助食品　　C. 添加食品　　D. 补充食品

11. 母乳不但能（　　）婴幼儿的免疫能力,保护婴幼儿免于感染,预防腹泻、呼吸道感染,更能（　　）婴幼儿成为过敏体质的概率。

A. 提高　提高　　　　　　　　B. 降低　降低

C. 降低　提高　　　　　　　　D. 提高　降低

12. 不管母亲采用什么姿势哺乳，婴幼儿的（　　）必须呈一直线。

    A. 头、身体、臀部　　　　　　　B. 头、臀部、脚后跟

    C. 头、身体、脚后跟　　　　　　D. 身体、臀部、脚后跟

13. 新生儿出生后2~7天，每1~2小时喂一次，间隔时间不超过（　　）小时。

    A. 3　　　　　　B. 2.5　　　　　　C. 2　　　　　　D. 1.5

14. 要留意奶嘴孔的大小是否合适，（　　）。

    A. 孔的大小会影响到奶水的流量

    B. 孔太小吸奶费劲，失去吸奶兴趣

    C. 孔太大奶水流量过快，容易使宝宝呛着

    D. 以上都是

15. 生理性溢奶是由于（　　），加上吃奶时易咽入空气，所以奶汁从胃中倒流入食道，从口中溢出。

    A. 胃的容量小，扩张力较低　　　B. 胃的容量大，扩张力较低

    C. 胃的容量小，扩张力较高　　　D. 胃的容量大，扩张力较高

16. 母乳喂养的婴幼儿，每日大便可以有（　　）次之多，只要不是水泻都算正常。

    A. 1~2　　　　　B. 2~3　　　　　C. 3~4　　　　　D. 5~6

17. 每次给婴幼儿换尿布后，特别是在大便后应以（　　）清洁臀部，再用护臀霜涂抹，以防发生尿布疹（即红臀）。

    A. 毛巾　　　　　　　　　　　　B. 纸张

    C. 清水　　　　　　　　　　　　D. 婴儿护肤柔湿巾

18. 下列选项中，不属于产生红臀的主要原因的是（　　）。

    A. 便后没有及时更换潮湿的尿布　B. 便后清洗后未及时涂护臀霜

    C. 质地粗糙尿布的刺激　　　　　D. 腹泻造成大便次数增多

19. 尿布用（　　）清洗干净，以免残留物刺激皮肤而导致红臀。

    A. 清水　　　　　B. 温水　　　　　C. 冷水　　　　　D. 热水

20. 臀部清洗前准备好（　　）的洗屁屁的小盆和纯棉纱布。

A. 婴儿专用　　　　　　　　B. 母婴专用

C. 婴儿洗澡共用　　　　　　D. 全家公用

21. 用手轻轻将男婴的睾丸（　　）再清洗。

A. 扯起　　　B. 按下　　　C. 举起　　　D. 托起

22. 大部分的男婴在（　　）之前，包皮和龟头不会完全分开，这时特地翻开包皮清洗，如果动作太大或男婴乱动都容易弄伤。

A. 三岁　　　B. 两岁　　　C. 一岁　　　D. 六个月

23. 在洗澡前应该关闭门窗、电风扇，使室内温度达到（　　）。

A. 18~22 ℃　　B. 24~26 ℃　　C. 26~28 ℃　　D. 28~30 ℃

24. 洗身体：左手托住婴儿头、肩部；右手托住婴儿臀部并引导婴儿的（　　）首先进入水中，然后逐渐降低身体的其他部位，进入浴盆。

A. 头部　　　B. 背部　　　C. 臀部　　　D. 脚

25. 为婴幼儿做秽物清理，虽看似简单，但若（　　），往往难以进行下去，甚至引起孩子哭闹。

A. 时间不对　　B. 方式不对　　C. 方法错误　　D. 孩子不配合

26. 若患有严重的结膜炎而想要彻底改善眼屎，则必须用（　　）及棉花棒冲洗。

A. 清水　　　B. 75%的酒精　　C. 葡萄糖水　　D. 生理食盐水

27. 一般不主张做口腔擦拭，如果舌苔特别厚时才做，可以用（　　）。

A. 第二道洗米水　　　　　　B. 清水

C. 温开水　　　　　　　　　D. 生理食盐水

28. 新生儿鼻腔分泌物的清理方法是（　　）。

A. 于灯光明亮处，沾湿棉花棒，伸进鼻子内侧逆时针旋转

B. 于灯光明亮处，沾湿纱布球，伸进鼻子内侧逆时针旋转

C. 于灯光明亮处，沾湿棉花棒，伸进鼻子内侧顺时针旋转

D. 于灯光明亮处，沾湿纱布球，伸进鼻子内侧顺时针旋转

29. 清除耳屎的方式是（　　）。

A. 利用睡觉时间进行，用湿布擦拭外耳道，用干棉棒抵入耳朵轻轻旋转

B. 利用洗澡时间进行，用湿布擦拭外耳道，用干棉棒抵入耳朵轻轻旋转

C. 利用洗澡时间进行，用干棉球擦拭外耳道及耳洞

D. 利用洗澡时间进行，用湿布擦拭外耳道，用干棉球抵入耳朵轻轻旋转

30. 睡眠是大脑皮层以及皮下中枢（　　）的一种生理状态。

A. 广泛处于抑制过程　　　　B. 广泛处于兴奋过程

C. 部分处于抑制过程　　　　D. 部分处于兴奋过程

31. 1~3 岁幼儿夜间睡眠持续时间是（　　）小时。

A. 12　　　B. 10　　　C. 8　　　D. 6

32. 婴幼儿睡眠不足的表现是（　　）。

A. 清晨自动醒来　　　　B. 精力充沛

C. 活泼好动　　　　　　D. 体重不增

33. 培养良好的二便习惯，有利于婴幼儿（　　）的发展。

A. 大运动能力　B. 精细动作　C. 认知能力　D. 社会行为

34. 有时婴幼儿喜欢吸吮手指可以不予干预，这对稳定婴幼儿（　　）起到了一定的作用。

A. 自身情感　　B. 注意力　　C. 自控能力　　D. 自身情绪

35. 婴幼儿二便后的清洁注意事项是（　　）。

A. 对意外大小便要批评指正　　B. 对婴幼儿二便的信号不做反应

C. 对大小便控制要因人而异　　D. 要求婴幼儿二便后自行清洁

36. 换尿布的卫生习惯是（　　）。

A. 每天固定时间换尿布　　　　B. 每次更换需用清水洗臀部

C. 更换前成人用清水和肥皂洗手　D. 更换时成人要严肃认真

37. 婴幼儿的鞋子应选择具有优良的透气性和吸汗功能的，还应注意鞋底的（　　）等。

A. 软硬　　　　　　　　B. 厚薄

C. 防滑性、轻便性　　　D. 以上都是

38. 婴幼儿的脚的表面（　　）少，保温能力差，脚的保暖关键在于锻炼和穿好鞋袜。

A. 神经  B. 肌肉  C. 血管  D. 脂肪

39. 带着婴幼儿走动，也是建立情感的第一步，同时也促进其（　　）等的发展。

　　A. 心智  B. 人际交往  C. 感情  D. 脂肪

40. 面向前抱婴幼儿的动作要领是（　　）。

　　A. 让婴幼儿背靠着腰部

　　B. 用一只手抱住婴幼儿的腰部

　　C. 另一只手护住婴幼儿的头部

　　D. 使婴幼儿能很好地看到面前的世界

41. 使用安全、有效的方法对日常生活环境做全方位的消毒，能（　　）。

　　A. 提高生活质量　　　　B. 预防疾病

　　C. 保障健康　　　　　　D. 以上都是

42. 应定期对婴幼儿玩具进行（　　）。

　　A. 清洗  B. 消毒  C. 暴晒  D. 以上都是

43. 建议所有婴幼儿奶具最少（　　）消毒一次。

　　A. 隔天  B. 每天  C. 半天  D. 每次用后

44. 婴幼儿衣物在清洗时用热水比较好，温度以（　　）为宜。

　　A. 30~40 ℃  B. 40~50 ℃  C. 50~60 ℃  D. 60~70 ℃

45. 洗涤尿布时不要使用（　　）。

　　A. 含酶的洗衣粉　　　　B. 柔软剂

　　C. 去污粉　　　　　　　D. 以上都是

46. 婴幼儿家具、卧具应（　　）用清水和干净的湿布擦拭一次灰尘。

　　A. 每周  B. 每三天  C. 隔天  D. 每天

47. 日光中的紫外线，除了有杀菌作用，能提高皮肤的防御能力，还可以使皮肤内的 7-脱氢胆固醇转化为维生素 D，促进机体对（　　）的吸收，预防佝偻病的发生。

　　A. 钙、磷  B. 锌、铁  C. 铁、钙  D. 维生素 A

48. 空气浴锻炼应根据（　　）安排。

A. 季节 B. 天气变化

C. 婴幼儿的身体情况 D. 以上都是

49. 日光浴锻炼时，夏天适宜在上午 8—9 点，下午 15—17 点进行；冬天宜在（ ）进行。

A. 早上 B. 中午 C. 傍晚 D. 晚上

50. 要注意观察婴幼儿的反应，如（ ），以判断婴幼儿可接受日光照射的时间和强度。

A. 脉搏 B. 呼吸

C. 皮肤发红及出汗情况 D. 以上都是

51. 游泳圈在使用前要进行安全检查的内容是（ ）。

A. 型号是否匹配

B. 保险扣是否安全

C. 双气道充气是否均匀，是否漏气

D. 以上都是

52. 抚触手和足：用四指按摩手背或足背，并用拇指从宝宝手掌面或脚跟向手指或脚趾方向按摩，对每个手指、脚趾进行（ ）。

A. 揉搓 B. 按摩 C. 搓动 D. 提拎

53. 抚触的时候可以同时给婴幼儿（ ），还要注意与婴幼儿眼神的沟通。

A. 播放一些音乐 B. 唱儿歌

C. 讲故事 D. 以上都是

54. 肝脏排泄功能不成熟，特别是新生儿，对药物及其分解产物滞留体内的时间延长，增加药物的（ ）。

A. 副作用 B. 不良反应 C. 毒性反应 D. 过敏反应

55. 大多情况下测量体温均测量腋温，因为测腋温方便、安全，只有在婴幼儿（ ）才测肛温。

A. 体温低时 B. 体温极低时 C. 体温高时 D. 体温极高时

56. 出现疑难病症，需要到权威医院就诊时，应事先了解有关专家或专业（ ）。

A. 门诊的位置和就诊情况　　　　　B. 门诊的位置和就诊要求

C. 门诊的时间和就诊情况　　　　　D. 门诊的时间和就诊要求

57. 喂药前先准备好温度适宜的（　　），将已溶化好的药物用小勺子混匀。

A. 茶水　　　B. 饮料　　　C. 盐水　　　D. 糖水

58. 鼻腔用药：抱住婴幼儿，使头尽量后仰并向患侧稍倾斜，再将药直接滴入鼻腔，并保持此体位（　　）分钟。

A. 1~2　　　B. 2~3　　　C. 3~5　　　D. 5~10

59. 给婴幼儿喂悬浮液时，不要掺水，应等服下药后再喂（　　）白开水。

A. 1~2口　　B. 几口　　　C. 少量　　　D. 等量

60. 擦伤的伤口不适宜用创可贴，普通创可贴（　　），容易引起伤口发炎，甚至导致溃疡。

A. 吸水性和透气性不好　　　　　　B. 不利于创面分泌物及脓液的引流

C. 有助于细菌的生长繁殖　　　　　D. 以上都是

61. 局部加压包扎可让皮下血肿（　　）吸收，小血肿1~2周、大血肿4~6周即可吸收。

A. 缓慢　　　B. 迅速　　　C. 自然　　　D. 充分

62. 为缓解蜇伤部位的肿胀、瘙痒等症状，可在蜇伤部位的周围涂些（　　）。

A. 碘酊　　　　　　　　　　　　　B. 医用酒精或少许抗组胺软膏

C. 花露水　　　　　　　　　　　　D. 红霉素软膏

63. 粗大动作训练可以促进大脑发育的（　　），使人脑各有关部位的神经联系更加丰富，更加精确。

A. 主动性　　B. 积极性　　C. 协调性　　D. 能动性

64. （　　）个月为步行时期，以行走平衡感发展为主，包括站立、独立走（向不同方向走、直线走、曲线走、侧身走、倒退走）、攀登、掌握平衡等。

A. 0~6　　　B. 7~12　　　C. 13~18　　　D. 19~36

65. 在进行大动作训练时，要尽量营造快乐的游戏氛围。这是粗大动作训练的（　　）。

A. 循序渐进原则　　　　　　　B. 适宜性原则

C. 趣味性原则　　　　　　　　D. 优先发展原则

66. 婴幼儿（　　）训练时要注意上下肢同时进行刺激。

A. 精细动作　B. 粗大动作　C. 动作技能　D. 手眼协调

67. 婴幼儿两手的动作发展顺序，标志着（　　）和感觉统合的成熟程度。

A. 手眼协调　　　　　　　　　B. 动作

C. 感知觉　　　　　　　　　　D. 大脑神经、骨骼肌肉

68. 从用满手抓握到用拇指与其他四指对握，再到食指与拇指对捏，是婴幼儿（　　）发展的顺序。

A. 精细动作　B. 认知　　　C. 自理能力　D. 大动作

69. （　　）个月是抓、握动作发展的时期。

A. 0~6　　　B. 7~12　　　C. 13~18　　　D. 19~24

70. 精细动作的发展有一个由简单到复杂的过程，这是大脑发育逐渐成熟的过程，因此为婴幼儿提供的玩具学具也要遵循由简单到复杂的特点。这是（　　）的描述。

A. 递进性原则　B. 趣味性原则　C. 操作性原则　D. 刺激性原则

71. （　　）岁是婴幼儿理解词的意义的敏感期。

A. 0~1　　　B. 1~2　　　C. 2~3　　　D. 3~4

72. 婴幼儿对语言的理解是建立在婴幼儿的（　　）的基础上。

A. 说话　　　B. 感知经验　C. 动作　　　D. 认知

73. （　　）岁是语言的准备阶段，又称为前语言阶段。需要大量地倾听各种不同性质的声音，促进大脑听神经的发育，而且大脑此时会对听到的语音音素进行分析和储存。

A. 0~1　　　B. 1~2　　　C. 2~3　　　D. 3~4

74. 进行婴幼儿指认游戏，同一时间内指认的品种不能太多，每次（　　）种。当婴幼儿认识了，再更换另一种类。

A. 1　　　　B. 2　　　　C. 3　　　　D. 4

75. 为婴幼儿讲故事、念儿歌及童谣时，最好配有（　　）。

· 107 ·

A. 文字 B. 小插图

C. 卡片或图书 D. 音乐

76. 婴幼儿认知能力的形成是（　　）发育成熟的结果。

　　A. 身体　　B. 感觉器官　　C. 大脑　　D. 手眼协调

77. 通过视觉、听觉、触觉和前庭平衡方面的训练，可以大大提高婴幼儿大脑的（　　）。

　　A. 平衡能力　　B. 学习能力　　C. 辨别能力　　D. 感觉统合功能

78. （　　）个月的婴幼儿，还不会使用语言，以感觉、知觉和动作来适应环境，以行动来"指挥"或"控制"周围的环境。

　　A. 0~12　　B. 13~19　　C. 20~24　　D. 25~36

79. 婴幼儿空间概念的发展始于感知反应，最早的感觉是（　　）。

　　A. 听觉　　B. 视觉　　C. 触觉　　D. 嗅觉

80. 训练婴幼儿认知能力时，要做到（　　）。

　　A. 只教一次就会　　B. 多次重复，强化记忆

　　C. 偶尔复习一两次　　D. 不需要复习

| 得分 | |
| --- | --- |
| 评分人 | |

## 二、判断题（第 81 题~第 100 题。将判断结果填入括号中，正确的填"√"，错误的填"×"。每题 1 分，满分 20 分）

81. 为了确保职业活动的正常进行，必须建立调整职业活动中发生的各种关系的职业道德规范。（　　）

82. 1~2 岁是婴幼儿动作能力发展最迅速的时期。（　　）

83. 要重视与幼儿的语言交流，通过游戏、讲故事、唱歌、体格锻炼等促进幼儿语言发育与大脑运动能力的发展。（　　）

84. 咖啡碱能使胃肠壁上的毛细血管收缩，儿童的骨骼发育也会因此受到影响。（　　）

85. 从事母婴保健工作的人员,应当严格遵守职业道德,为当事人保守秘密。（　）

86. 婴幼儿每次吃奶的次数和奶量都一样。（　）

87. 不要强迫婴幼儿每餐一定喝完奶瓶里的奶,勉强只会让婴幼儿吐奶。（　）

88. 一般按摩、抚触、洗澡、喂药等都应放在喂奶后。（　）

89. 婴幼儿游泳圈应用洗洁精擦拭,再用清水冲洗、晾干。（　）

90. 婴幼儿长牙后,可以给他吃些饼干、苹果等可满足咀嚼的食物,但要注意别躺着吃。（　）

91. 生病期间多喂水是非常必要的。（　）

92. 热敷会使破裂的毛细血管进一步扩张,加重血肿,延迟愈合。（　）

93. 手是人进行活动的主要器官,但不是人认识事物的重要器官。（　）

94. 对于7~12个月的婴幼儿,可以提供能发出声音的玩具（小鼓、琴等）让婴幼儿拍打,提供小玩具和容器让婴幼儿取物和投放,提供不同规格和质地的小球让婴幼儿抓捏和扔球。（　）

95. 1~2岁是婴幼儿理解词的意义的敏感期,如果看、听、说相结合的训练太少,婴幼儿的理解能力就比较差,听不懂成人说的话。（　）

96. 婴幼儿的语言就是指面部表情、发音、懂话和说话。（　）

97. 更多的研究证据显示,长时间观看电视会导致婴幼儿脑发育受损、语言发育迟缓、患孤独症等。（　）

98. 3岁左右的婴幼儿会说2~3或3~4个字组成的句子,如宝宝上街、妈妈抱抱等。（　）

99. 婴幼儿通过抓、握、嚼等这样的动作来了解世界和事物,但这不是婴幼儿最常用的认知方式。（　）

100. 婴幼儿认知能力训练时要使用简洁、正规的语言。（　）

# 理论知识考核模拟试卷参考答案

## 一、单项选择题

1. A   2. C   3. B   4. B   5. B   6. B   7. D   8. C   9. B   10. B
11. D   12. A   13. A   14. D   15. A   16. D   17. D   18. B   19. D   20. A
21. D   22. B   23. B   24. D   25. C   26. D   27. A   28. C   29. B   30. A
31. B   32. D   33. D   34. D   35. D   36. C   37. D   38. D   39. A   40. D
41. D   42. D   43. B   44. B   45. D   46. D   47. A   48. D   49. B   50. D
51. D   52. C   53. D   54. C   55. A   56. C   57. D   58. B   59. D   60. D
61. C   62. B   63. C   64. C   65. C   66. B   67. D   68. A   69. A   70. A
71. B   72. B   73. A   74. A   75. C   76. C   77. D   78. A   79. C   80. B

## 二、判断题

81. √   82. ×   83. ×   84. ×   85. √   86. ×   87. √   88. ×   89. ×   90. √
91. √   92. √   93. ×   94. √   95. √   96. √   97. √   98. ×   99. ×   100. √

# 操作技能考核模拟试卷

考件编号：_____

## 注 意 事 项

一、本试卷依据《育婴员国家职业技能标准》命制。

二、请根据试题考核要求，完成考试内容。

三、请服从考评人员指挥，保证考核安全顺利进行。

**试题 1. 使用奶瓶为 3 个月的婴儿喂奶**

（1）本题分值：20 分。

（2）考核时间：10 分钟。

（3）考核形式：操作。

（4）具体考核要求：考生能按照正确的方法使用奶瓶为 3 个月的婴儿喂奶。

（5）否定项说明：若考生发生下列情况之一，则应及时终止其考试，考生该试题成绩记为零分。

1）在准备工作前没有洗手。

2）喂奶前没有试奶的温度。

**试题 2. 为 1 个月的婴儿进行游泳锻炼的指导和示范**

（1）本题分值：20 分。

（2）考核时间：10 分钟。

（3）考核形式：口试+操作。

(4) 具体考核要求：考生能向家长介绍婴儿游泳适应证、禁忌证和注意事项，同时为 1 个月的婴儿进行游泳锻炼的操作示范。

### 试题 3. 为 12 个月的男婴做表皮擦伤护理

（1）本题分值：20 分。

（2）考核时间：10 分钟。

（3）考核形式：口试+操作。

（4）具体考核要求：考生掌握为婴幼儿四肢表皮擦伤进行护理的方法和注意事项。

（5）否定项说明：若考生发生下列情况之一，则应及时终止其考试，考生该试题成绩记为零分。

1）用手揉擦伤的皮肤。

2）挤压伤口。

### 试题 4. 为 10 个月的婴儿进行松手投入动作训练

（1）本题分值：20 分。

（2）考核时间：10 分钟。

（3）考核形式：操作。

（4）具体考核要求：考生能为 10 个月的婴儿进行松手投入动作训练。

（5）否定项说明：若考生发生下列情况之一，则应及时终止其考试，考生该试题成绩记为零分。

1）游戏之前没有和婴儿逗乐，消除陌生感。

2）没有用儿语的声调和婴儿说话。

### 试题 5. 为 6 个月的婴儿进行视听结合的训练

（1）本题分值：20 分。

（2）考核时间：10 分钟。

（3）考核形式：操作。

（4）具体考核要求：考生能和 6 个月的婴儿玩"播放卡片"游戏，进行视听结合的训练。

（5）否定项说明：若考生发生下列情况之一，则应及时终止其考试，考生该试题成绩记为零分。

1）游戏前没有逗乐，没有引发婴儿的兴趣。

2）播放卡片时没有注视婴儿的眼睛。

# 操作技能考核准备通知单（考场）

**试题 1. 使用奶瓶为 3 个月的婴儿喂奶**

（1）本题分值：20 分。

（2）考核时间：10 分钟。

（3）考核形式：操作。

（4）设备设施准备。

| 序号 | 名称 | 规格 | 单位 | 数量 | 备注 |
|---|---|---|---|---|---|
| 1 | 操作台 |  | 张 | 1 |  |
| 2 | 一段奶粉 |  | 罐 | 1 |  |
| 3 | 奶瓶、奶嘴、奶瓶盖 |  | 套 | 1 |  |
| 4 | 大号布娃娃 |  | 个 | 1 |  |
| 5 | 开水壶 |  | 个 | 1 |  |
| 6 | 凉水壶 |  | 个 | 1 |  |
| 7 | 围嘴 |  | 个 | 1 |  |
| 8 | 小毛巾 |  | 条 | 1 |  |

说明：考场应备有流动水设施。

**试题 2. 为 1 个月的婴儿进行游泳锻炼的指导和示范**

（1）本题分值：20 分。

（2）考核时间：10 分钟。

（3）考核形式：口试+操作。

（4）设备设施准备。

| 序号 | 名称 | 规格 | 单位 | 数量 | 备注 |
|---|---|---|---|---|---|
| 1 | 操作台 | | 个 | 1 | |
| 2 | 婴儿游泳池 | | 个 | 1 | |
| 3 | 大号塑料娃娃 | | 个 | 1 | |
| 4 | 婴儿游泳圈 | | 个 | 1 | |
| 5 | 防水脐贴 | | 片 | 1 | |
| 6 | 小毛巾 | | 条 | 4 | |
| 7 | 婴儿洗发露 | | 瓶 | 1 | |
| 8 | 婴儿浴巾 | | 条 | 1 | |

说明：考场应备有流动水设施。

## 试题3. 为12个月的男婴做表皮擦伤护理

（1）本题分值：20分。

（2）考核时间：10分钟。

（3）考核形式：口试+操作。

（4）设备设施准备。

| 序号 | 名称 | 规格 | 单位 | 数量 | 备注 |
|---|---|---|---|---|---|
| 1 | 操作台 | | 个 | 1 | |
| 2 | 凉水杯 | | 个 | 1 | |
| 3 | 大号塑料娃娃 | | 个 | 1 | |
| 4 | 红药水 | | 瓶 | 1 | |
| 5 | 紫药水 | | 瓶 | 1 | |
| 6 | 碘酊 | | 瓶 | 1 | |
| 7 | 75%的酒精 | | 瓶 | 1 | |
| 8 | 消毒纱布 | | 包 | 1 | |
| 9 | 棉签 | | 包 | 1 | |
| 10 | 创可贴 | | 包 | 1 | |

说明：考场应备有流动水设施。

## 试题4. 为10个月的婴儿进行松手投入动作训练

（1）本题分值：20分。

(2) 考核时间：10 分钟。

(3) 考核形式：操作。

(4) 设备设施准备。

| 序号 | 名称 | 规格 | 单位 | 数量 | 备注 |
|---|---|---|---|---|---|
| 1 | 游戏垫 | | 个 | 1 | |
| 2 | 捏响小动物玩具 | | 只 | 6 | |
| 3 | 塑料小盆 | | 个 | 2 | |
| 4 | 大号塑料娃娃 | | 个 | 1 | |

### 试题 5. 为 6 个月的婴儿进行视听结合的训练

(1) 本题分值：20 分。

(2) 考核时间：10 分钟。

(3) 考核形式：操作。

(4) 设备设施准备。

| 序号 | 名称 | 规格 | 单位 | 数量 | 备注 |
|---|---|---|---|---|---|
| 1 | 婴儿靠椅 | | 把 | 1 | |
| 2 | 大号塑料娃娃 | | 个 | 1 | |
| 3 | 水果卡片 | | 盒 | | |

# 操作技能考核准备通知单（考生）

姓名：_____  准考证号：_____  单位：_____

**试题1. 使用奶瓶为3个月的婴儿喂奶**

（1）本题分值：20分。
（2）考核时间：10分钟。
（3）考核形式：操作。
（4）工具及其他准备：无。

**试题2. 为1个月的婴儿进行游泳锻炼的指导和示范**

（1）本题分值：20分。
（2）考核时间：10分钟。
（3）考核形式：口试+操作。
（4）工具及其他准备：无。

**试题3. 为12个月的男婴做表皮擦伤护理**

（1）本题分值：20分。
（2）考核时间：10分钟。
（3）考核形式：口试+操作。
（4）工具及其他准备：无。

**试题4. 为10个月的婴儿进行松手投入动作训练**

（1）本题分值：20分。

（2）考核时间：10分钟。

（3）考核形式：操作。

（4）工具及其他准备：无。

**试题 5. 为 6 个月的婴儿进行视听结合的训练**

（1）本题分值：20分。

（2）考核时间：10分钟。

（3）考核形式：操作。

（4）工具及其他准备：无。

# 操作技能考核评分记录表

考件编号：_____  姓名：_____  准考证号：_____  单位：_____

总 成 绩 表

| 序号 | 试题名称 | 配分 | 得分 | 权重 | 最后得分 | 备注 |
|---|---|---|---|---|---|---|
| 1 | 使用奶瓶为3个月的婴儿喂奶 | 20 | | | | |
| 2 | 为1个月的婴儿进行游泳锻炼的指导和示范 | 20 | | | | |
| 3 | 为12个月的男婴做表皮擦伤护理 | 20 | | | | |
| 4 | 为10个月的婴儿进行松手投入动作训练 | 20 | | | | |
| 5 | 为6个月的婴儿进行视听结合的训练 | 20 | | | | |
| | 合计 | 100 | | | | |

统分人：　　　　　　　　　　　　　　　　　　　　　年　月　日

# 操作技能考核评分项目及标准

### 试题1. 使用奶瓶为3个月的婴儿喂奶

| 序号 | 考核内容 | 考核要点 | 配分 | 评分标准 | 扣分 | 得分 |
|---|---|---|---|---|---|---|
| 1 | 试奶的温度 | 按要求试奶的温度，并会调温 | 5 | （1）在手背上或手腕的内侧滴几滴奶，试奶的温度，滴上去的奶应当感觉是温的。试温方法不正确扣3分<br>（2）如果太凉，放在热水中加热；如果太热，放在冷水中降温。不会调温扣2分 | | |
| 2 | 婴儿喂奶前准备 | 按要求、按步骤做好喂奶前的准备工作 | 5 | （1）给婴儿戴一个围嘴，手中拿条小毛巾，以便随时擦掉溢出来的奶<br>（2）抱着婴儿，让婴儿成半直立位，碰碰婴儿靠近妈妈一侧的脸颊，让婴儿转过头来<br>一项没有做到扣2.5分 | | |
| 3 | 给婴儿喂奶 | 按要求给婴儿喂奶 | 5 | （1）用奶嘴碰碰婴儿的嘴唇，婴儿就会用嘴含住奶嘴开始吸奶，把奶瓶拿好，奶瓶要有一定的角度，使奶嘴里充满奶液，不要有空气，这样可以预防婴儿吸入过多的空气。奶瓶角度不对扣2分<br>（2）喂奶过程中，如果奶嘴扁平了，轻轻把奶嘴拉出来，让奶瓶中进一点空气。用手拉奶嘴扣1分<br>（3）如果喂奶过程中婴儿打瞌睡，就让婴儿坐起、打嗝，然后继续给婴儿喂奶。没有采取措施扣1分<br>（4）每次喂好以后，按婴儿喜欢的方式让婴儿打嗝排气。没有排气扣1分 | | |

续表

| 序号 | 考核内容 | 考核要点 | 配分 | 评分标准 | 扣分 | 得分 |
|---|---|---|---|---|---|---|
| 4 | 使用奶瓶给婴儿喂奶注意事项 | 正确表达注意事项 | 5 | （1）不要让婴儿独自一人躺着吸奶，那样容易造成窒息。没有说到扣1分<br>（2）不要强迫婴儿每餐一定喝完奶瓶里的奶，勉强只会让婴儿吐奶。没有说到扣1分<br>（3）喂的时候妈妈一定要将婴儿抱紧，让婴儿能闻到妈妈身上的气味，以增加婴儿的安全感。没有说到扣1分<br>（4）要留意奶嘴孔的大小是否合适。因为奶嘴孔的大小会影响到奶水的流量。如果孔太小，婴儿吸奶会非常费劲，时间一长就会使婴儿对吸奶失去兴趣；如果孔太大，奶水流量过快，容易使婴儿呛着。没有说到扣2分 | | |
| | 合计 | | 20 | — | | |

否定项：若考生发生下列情况之一，则应及时终止其考试，考生该试题成绩记为零分。
（1）在准备工作前没有洗手
（2）喂奶前没有试奶的温度

评分人：　　　　　年　月　日　　　　　核分人：　　　　　年　月　日

## 试题2. 为1个月的婴儿进行游泳锻炼的指导和示范

| 序号 | 考核内容 | 考核要点 | 配分 | 评分标准 | 扣分 | 得分 |
|---|---|---|---|---|---|---|
| 1 | 婴儿游泳适应证 | 了解婴儿游泳适应证（口述） | 4 | （1）足月正常分娩的剖宫产儿、顺产儿（0~12个月）<br>（2）32~36周分娩的早产儿、低体重儿（体重在2 000~2 500克，住院期间无须特殊处理者）<br>缺少一项扣2分 | | |
| 2 | 婴儿游泳禁忌证 | 了解婴儿游泳禁忌证（口述） | 4 | （1）患有婴儿疾病需接受治疗者<br>（2）小于32周的早产儿，体重低于2 000克的低体重儿<br>缺少一项扣2分 | | |

续表

| 序号 | 考核内容 | 考核要点 | 配分 | 评分标准 | 扣分 | 得分 |
|---|---|---|---|---|---|---|
| 3 | 操作步骤 | 按操作步骤进行操作 | 6 | (1) 脐带未脱落的，要用防水脐贴护脐<br>(2) 除尿布外，婴儿所穿衣服全部脱掉并用浴巾包裹好，操作者用左手将婴儿身体夹在操作者的左腋下，用左手掌托稳婴儿的头，让婴儿脸朝上<br>(3) 擦洗面部：将一块专用小毛巾蘸湿，从眼角内侧向外轻轻擦拭双眼、嘴、鼻、脸及耳后<br>(4) 洗头：头稍低于躯干，用右手抹上洗发露，轻轻按摩头部，然后用清水冲洗擦干<br>(5) 套游泳圈：根据婴儿大小选择合适的游泳圈，游泳圈与婴儿颈部间隔约两手指，用一块小毛巾垫在婴儿下颌，让婴儿感觉更舒适<br>(6) 要缓慢入水，以免婴儿受惊吓。可先拉着婴儿手，等婴儿适应后再慢慢松开手<br>一个步骤操作不正确扣1分 | | |
| 4 | 注意事项 | 了解婴儿游泳的注意事项 | 6 | (1) 必须进食后1小时左右进行游泳，时间约10分钟<br>(2) 游泳池水深大于60厘米，必须以婴儿足不触及池底为标准<br>(3) 婴儿游泳期间必须有专人看护<br>(4) 室温为26~28℃，水温在38℃左右，同时注意观察婴儿的皮肤颜色及全身情况<br>(5) 游泳圈在使用前要进行安全检查，如型号是否匹配（游泳圈内口直径稍大于婴儿颈围直径），保险扣是否安全，双气道充气是否均匀，是否漏气（将游泳圈按入水中检查）<br>(6) 游泳圈用消毒液擦拭，再用清水冲洗、晾干<br>缺少一项扣1分 | | |
| | | 合计 | 20 | — | | |

评分人：　　　　　年　月　日　　　　　　　核分人：　　　　　年　月　日

## 试题 3. 为 12 个月的男婴做表皮擦伤护理

| 序号 | 考核内容 | 考核要点 | 配分 | 评分标准 | 扣分 | 得分 |
|---|---|---|---|---|---|---|
| 1 | 婴幼儿四肢表皮擦伤的护理 | 掌握为婴幼儿四肢表皮擦伤进行护理的方法 | 10 | (1) 如果伤口小而浅或仅擦伤表皮，可用凉开水洗净周围的皮肤，再用凉开水冲洗伤口<br>(2) 如有泥沙等污物应彻底洗干净。如冲洗不掉，可用针挑出，以免污物留在皮肤里<br>(3) 清洁伤口后用 75% 的酒精由里到外消毒伤口周围皮肤，伤口表面涂紫药水、红药水或碘酊<br>(4) 如伤口有少量出血，可用消毒纱布止血后再上药，不用包扎，避免沾水，让其自然干燥<br>缺少一项扣 1 分 | | |
| 2 | 注意事项 | 掌握为婴幼儿四肢表皮擦伤护理注意事项 | 10 | (1) 擦伤的创面不必包扎，但注意避免沾水、尘土及其他脏物，以防止创面感染<br>(2) 对于脸部的擦伤，需注意如有砂子、煤渣嵌入皮肤，及时用软刷子刷洗创面，不能有渣屑留于皮肤内，一般不要涂抹紫药水。如果擦伤面较大，在面部创面清洁消毒后，敷上油纱布，再包扎好<br>(3) 擦伤的伤口不适宜用创可贴，应该消毒后让伤口自然暴露在空气中，以待愈合。这是因为擦伤皮肤的创面比普通伤口大，再加上普通创可贴的吸水性和透气性不好，不利于创面分泌物及脓液的引流，反而有助于细菌的生长繁殖，容易引起伤口发炎，甚至导致溃疡<br>一项不正确扣 3.5 分，扣完为止 | | |
| | 合计 | | 20 | — | | |

否定项：若考生发生下列情况之一，则应及时终止其考试，考生该试题成绩记为零分。
(1) 用手揉擦伤的皮肤
(2) 挤压伤口

评分人：　　　　　　　年　月　日　　　　　　核分人：　　　　　　　年　月　日

### 试题4. 为10个月的婴儿进行松手投入动作训练

| 序号 | 考核内容 | 考核要点 | 配分 | 评分标准 | 扣分 | 得分 |
|---|---|---|---|---|---|---|
| 1 | 松手投入动作训练的准备 | 能为婴儿进行松手投入动作训练的准备 | 6 | (1) 铺好游戏垫<br>(2) 准备捏响小动物玩具若干个，塑料小盆2个<br>一项不正确扣3分 | | |
| 2 | 游戏的方法 | 掌握为婴儿进行松手投入动作训练的方法 | 14 | (1) 育婴员和婴儿面对面坐在游戏垫上<br>(2) 育婴员出示装有捏响小动物玩具的小盆，逐一介绍小动物的名称，说这是小动物的家<br>(3) 育婴员说"小动物要搬家啦"，示范将捏响小动物玩具从一个盆中搬到另一个盆中<br>(4) 育婴员鼓励婴儿给捏响小动物玩具搬家<br>缺少一项扣4分，扣完为止 | | |
| | | 合计 | 20 | — | | |

否定项：若考生发生下列情况之一，则应及时终止其考试，考生该试题成绩记为零分。
(1) 游戏之前没有和婴儿逗乐，消除陌生感
(2) 没有用儿语的声调和婴儿说话

评分人：　　　　年　月　日　　　　　核分人：　　　　年　月　日

### 试题5. 为6个月的婴儿进行视听结合的训练

| 序号 | 考核内容 | 考核要点 | 配分 | 评分标准 | 扣分 | 得分 |
|---|---|---|---|---|---|---|
| 1 | "播放卡片"游戏的准备 | 能为婴儿做好"播放卡片"游戏的准备 | 5 | (1) 准备水果卡片一盒<br>(2) 让婴儿坐在婴儿靠椅上<br>一项不正确扣2.5分 | | |
| 2 | 游戏的方法 | 掌握和婴儿进行"播放卡片"游戏的方法 | 10 | (1) 育婴员与婴儿面对面，距离30厘米<br>(2) 育婴员将卡片放在脸的左侧，与口腔平行，用缓慢的速度播放卡片<br>(3) 育婴员每张卡片播放的次数以婴儿视线离开之前为准，当婴儿的视线即将离开卡片之前，更换第2张卡片<br>一项不正确扣3.5分，扣完为止 | | |

续表

| 序号 | 考核内容 | 考核要点 | 配分 | 评分标准 | 扣分 | 得分 |
|---|---|---|---|---|---|---|
| 3 | 注意事项 | 掌握和婴儿进行"播放卡片"游戏的注意事项 | 5 | （1）育婴员每次播放2~3张卡片。时间以婴儿感兴趣、不疲劳为准<br>（2）可以循环往复<br>一项不正确扣2.5分 | | |
| | 合计 | | 20 | — | | |

否定项：若考生发生下列情况之一，则应及时终止其考试，考生该试题成绩记为零分。
（1）游戏前没有逗乐，没有引发婴儿的兴趣
（2）播放卡片时没有注视婴儿的眼睛

评分人：　　　　　　年　月　日　　　　　　核分人：　　　　　　年　月　日